Raoul Schrott

Die Fünfte Welt

Ein Logbuch

Fotos von Hans Jakobi

Haymon

Bibliografische Information:
Die Deutsche Bibliothek verzeichnet diese Publikation in der Deutschen Nationalbibliografie; detaillierte bibliografische Daten sind im Internet über http://dnb.ddb.de abrufbar.

www.haymonverlag.at

Satz: Haymon Verlag/Thomas Auer
Umschlaggestaltung: Haymon Verlag/Stefan Rasberger

ISBN 978-3-85218-524-8

I

In den ihnen unbekannten Regionen Afrikas luden die Karthager ihre Waren nebeneinander am Strand aus, bestiegen wieder ihre Schiffe und entfachten ein Feuer. Sobald die Eingeborenen den Rauch aufsteigen sahen, kamen sie ans Meer, legten als Preis für die Waren Gold hin und zogen sich wieder zurück. Entsprach das Gold dem Wert der Waren, nahmen es die Karthager und fuhren weiter; langte es nicht, warteten sie, bis die Eingeborenen weiteres Gold dazulegten und sie zufriedengestellt waren. Keiner schädigte den anderen: Gold und Waren wurden erst angerührt, wenn sie einander angeglichen waren – Herodot

Schwaden grauer Insekten; Schwärme dicht wie Rauch um die wenigen Glühbirnen an dem halben Kilometer Asphalt vom Flughafen ins Zentrum; Myriaden von Fliegen um die Blechschilder – das sind die Wahrzeichen N'Djamenas, nicht die Avenue Charles de Gaulle mit ihren drei Fluglinienbüros, drei Restaurants, drei Nachtclubs und dem Cel-Tel-Shop. Prachtbauten gibt es hier sowenig wie Monumente, gleich welcher Macht; selbst der Paradeplatz mit seinem Tribünengestänge wirkt aufgelassen. Was Staatspräsidium, was Botschaft und was Hotel ist, erkennt man bloß an den übermannshoch stacheldrahtbewehrten Einfriedungen, vor denen Wachen postiert sind – 'Stadt' ist hier das, was sich vom Fluß weg weit ins Dunkel erstreckt, Schlaglöchern und offenen Müllgräben entlang.

Das Fenster ist vergittert und verriegelt, das Hotelzimmer kahl wie eine Einzelzelle – aber es hängt eine Neonröhre von der Decke und die Aircondition gegen die schweißtreibende Schwüle läuft. Als Detail ist dies symptomatisch für den ungleichen Handel, der seit jeher das Verhältnis zwischen Europa und Afrika bestimmt hat – und sich nun auch in der importierten Architektur widerspiegelt. Die traditionellen winddurchlässigen Lehmbauten wurden überall ersetzt durch Ziegel, Beton, Wellblech und Glas, obwohl diese Materialien nur Wärmespeicher für die ohnehin schon brütende Hitze sind – weshalb man dies mit der krankmachenden Kälte von Klimaanlagen wieder zu kompensieren versucht. Was diese

Travestie europäischer Zivilisation aufrechterhält, ist einzig der Generator im Hinterhof; was man dafür jedoch bezahlt, ist mehr als das Doppelte.

Das zeigt sich morgens an den Läden auf der gegenüberliegenden Straßenseite, die zwei Waren zum selben Preis anbieten: Coladosen und Literflaschen voll einer golden schimmernden Flüssigkeit: Benzin. Beides ist, in diesem ärmsten der Länder, noch teurer als bei uns, also unerschwinglich – das eine darf bloß in Lizenz produziert werden und das andere muß importiert werden; der Tschad besitzt zwar reiche Ölvorkommen, jedoch keine Raffinerien. Wie schon bei Herodots Anekdote vom 'Gerechten Handel' ist es stets nur die eine Seite, die stillschweigend den für sie zufriedenstellenden Preis festsetzt.

Einen um den anderen holen wir die Teilnehmer unserer Expeditionen von den Flügen ab, wo sie neben Entwicklungshelfern (meist Deutsche und Schweizer) und Leuten der Erdölgesellschaften (hauptsächlich Amerikaner) aussteigen. Die Touristen sind wir – mehr als ein- bis zweihundert pro Jahr (der Großteil davon Italiener) zählt der Tschad nicht. Der Rest sind Franzosen, expatriierte Existenzen, die nach den ersten gutbezahlten Auslandsjahren hängen geblieben sind, weil sie den Sprung zurück in die Gesellschaft daheim nicht mehr geschafft haben; und so wie man ihnen die Jahre, das Klima und die Krankheiten ansieht, so voller Geschichten sind sie andererseits, die sie jedem erzählen, der nur zuhören will, mit Pointen, die so leer im Raum stehen bleiben wie die Tristesse, die ihre Bonhomie nach einer Weile nicht mehr überspielen kann.

Untertags bereiten wir die Geländewagen und die Ausrüstung vor; abends gehen wir ins *Carnivore* essen. Der Name ist fast gewollt zynisch; die Klientel besteht zumeist aus Soldaten der Fremdenlegion, die neben ihrem Steak auch anderes Fleisch fressen. Zum Restaurant gehören auch die blutjungen schwarzen Mädchen – das Haar mit Zuckerwasser grad gebürstet, die Zehennägel in den zu kleinen Stöckelschuhen weiß lackiert, der Busen in enge Leibchen gezwängt –, die sich unaufgefordert vorstellen, damit sie sich an den Tisch setzen können, wo sie einem mit der einen Hand das Bier eingießen, um mit der anderen am Schenkel nachzufassen. Danach geht

es ins *Nr. 1* oder ins *Feeling,* und am billigsten kommt man noch davon, wenn man ihnen das Getränk, Zigaretten und das Taxi nach Hause zahlt.

Sie bieten sich an mit der Selbstverständlichkeit von Müttern, die nichts zu verlieren haben, solange sie nicht wissen, wie ihr Kind oder ihre Familie zuhause ernähren und womit die zwei Quadratmeter Schlafstatt irgendwo in den afrikanischen Vierteln bezahlen. Der Handel ist hartnäckig, für unser Verständnis unwürdig und geschmacklos und im Sinn der Herodotschen Anekdote nur deshalb 'gerecht', weil sie zuerst ihre Ware auslegen und darauf erwarten, daß man sein Geld ohne weiter zu feilschen als Bringschuld dazugibt. Von den fünfzig oder hundert Euro, die man ihnen aufs Nachtkästchen legt oder von zuhause – halb aus schlechtem Gewissen, halb aus spendierfreudig christlicher Nächstenliebe – noch ein paar Monate lang schickt, leben sie ein volles Jahr.

Die direktere Form des Tausches hingegen wird außerhalb dieser europäischen Enklaven betrieben. Wer die paar Meter vom Hotel zum Restaurant nicht mit dem Auto fährt, wird mit vorgehaltenem Messer um sein Geld erleichtert, was im nachhinein moralisch gerecht scheint: wir sind so unverdient reich, wie sie arm.

Die Kulisse von Zivilisation hört noch vor der Stadtgrenze auf und geht über in jene Vierte Welt von Nomaden, die scheinbar unabhängig von ihr existiert und erst die eigentliche Bevölkerung ausmacht. An ihrem Rand aber liegt noch eine ganz andere Welt: jener Rest an Unbekanntem, der der Erde heute noch geblieben ist – einer der letzten weißen Flecken in ihrem Atlas, der im 20. Jahrhundert vervollständigt wurde, von den Polen bis zum Amazonas, von der Wüste Gobi über Tibet bis zum kambodschanischen Dschungel. Vielleicht gibt es noch irgendwo in Westpapua hundert Quadratkilometer, die noch kein Missionar, Ethnologe oder nach Bodenschätzen suchender Geologe betreten hat, um diese Fünfte Welt stellvertretend für uns in Besitz zu nehmen. Sicher aber ist, daß eine *terra incognita* im Nordosten des Tschad liegt, an der Grenze zum Sudan und zu Libyen, mitten im unzugänglichsten Teil der Sahara.

Zugegeben, man kann in das einzige Internetcafé von N'Djamena gehen und sich dieses Stück Erde mit *google-earth* als Satellitenbild heranzoomen, es sogar – falls die Verbindung hält – als Trugbild eines dreidimensionalen Reliefs samt Tälern und Zeugenbergen virtuell überfliegen. Berichte darüber aber und Fotos gibt es nicht, geschweige denn wissenschaftliche Dokumentationen: all das also, womit wir glauben, die Welt kartographieren und uns das Fremde zu eigen machen zu können. Solange eine Region durch solche Abstraktionen noch nicht vereinnahmt ist, bleibt sie *terra ignota* – und damit auch

Projektionsfläche für all unsere Vorstellungen vom Anderen jenseits unserer Grenzen. Letztlich war es das, was uns gelockt hatte. Was wir von diesem Territorium kannten, waren einzig zwei Namen, die um so mehr auf alles verweisen konnten, als sie klangvoll waren: die Erdis und Agoza, der einzig dort verzeichnete Ort.

Ich hatte vor fünf Jahren versucht, vom libyschen Kufra aus dorthin vorzustoßen, war jedoch an der Grenze wieder umgedreht, als mir ein Konvoi von Lkws mit Verletzten entgegenkam; sie waren von Tubus beschossen worden. Stefan Kröpelin, Archäo-Geologe an der Uni Köln, hatte seinerseits die letzten 25 Jahre damit verbracht, die Gebiete rund um die Erdis zu erforschen: das Wadi Howar im Sudan; die äygptische Wüste bis zum Gilf Kebir, jenem den Erdis ähnliche Plateau, das der 'Englische Patient' Graf Almásy in den 30er Jahren erkundet hatte; den Süden der libyschen Wüste bis zum Inselberg des Ouenat. Erst vor vier Jahren jedoch war es Kröpelin gelungen, Gelder dafür loszueisen, Geländewagen zu überstellen und die unabdingbaren offiziellen Kontakte zu knüpfen, um unter staatlicher Ägide eine Station in N'Djamena aufbauen zu können: eine Sisyphosarbeit, nur um die notwendige Logistik für seine Forschungen vorzubereiten.

Vor zwei Jahren dann hatten wir zusammen eine Fahrt nach Agoza geplant, die sich durch die Darfurkrise zerschlagen hatte: das Erdi, hieß es, wäre zum Rückzugsgebiet der Janjawid geworden, jener arabischen Reiter im Sudan, die am Genozid der nomadischen Bevölkerung schuld wären; überdies hätten tschadische Rebellen die Oasen im Umkreis besetzt. Jetzt machten wir einen zweiten Versuch im Rahmen des von Rudolph Kuper gegründeten ACACIA-Projekts, das mit einem Verbund von Wissenschaftlern den Klimawandel und seinen kulturellen Auswirkungen auf der Spur ist: ein erstes Survey war geplant, zu der auch ein Botaniker, eine Ethnologin und ein Fernerkundler eingeladen waren. Der Erkundungsfahrt schloß sich überdies ein Team an, um für das ZDF einen Film über die Reise zu drehen: was das für die Reise nötige Budget zustandekommen ließ.

Eine Woche schon dauern die diversen Vorbereitungen, das Einholen all der Genehmigungen, die Absprachen mit dem CENTRE NATIONAL D'APPUI À LA RECHERCHE, das Anmieten geländetauglicher Autos für die Filmcrew. Mit den zusätzlichen Fahrern und einem Küchengehilfen sind wir ein bunt zusammengewürfeltes Dutzend. Auf den ersten Blick scheint es eine gute Truppe; ob wir's auch wirklich sind, werden wir am Ende wissen, wenn wir die Eigenarten jedes einzelnen kennengelernt haben und die nie ausbleibenden Konflikte ausgestanden sind.

Von tschadischer Seite läuft das Unternehmen unter dem Titel 'Mission d'ordre du Président', in dessen Rahmen man uns einen offiziellen Begleiter zur Seite stellt; Idriss Déby hat auch ein privates Interesse an dieser Erkundung, da seine Familie aus dem Vorland der Erdis stammt. Einen begleitenden Konvoi von Soldaten aber können wir abwenden; das hätte uns zwischen die Fronten gebracht – die Lage im Tschad ist instabil genug; daß es in unserem Zielgebiet von Banditen, Rebellen, Janjawid und Minen wimmelt, bekommen wir von allen Seiten zu hören. Demgegenüber vertrauen wir eher darauf, daß fünf Autos von der Weite abschreckend genug wirken, wir uns an die Pisten halten, wo sie frisch sind, vor allem jedoch, daß diese Wüste für niemanden ein Rückzugsort sein kann: Schwierigkeiten haben wir eher in bewohntem Gebiet zu erwarten.

Bei der Ausfahrt aus N'Djamena kommen wir am Fort der französischen Garnison vorbei; die Wachtürme heißen nach Schlachten aus dem Ersten Weltkrieg, sind aber nicht besetzt. Nach gut hundert Kilometern hört der Asphalt auf und auch der noch so geringe Verkehr: auf der Hauptachse Richtung Osten nach Abeché in die drittgrößte Stadt des Tschad begegnen uns keine drei Pickups, aber die sind mit bis zu 20 Menschen samt Unmengen Gepäck beladen.

Entlang der Trasse stehen mit Kletterpflanzen bewachsene Krals, reiten Hirten auf ihren Eseln, baden Kinder in von der Regenzeit gebliebenen Tümpeln und spielen, während Frauen ihre Wäsche klopfen. Und anders als im aggressiven Klima N'Djamenas laufen die Kinder uns lachend entgegen, sobald sie die Staubfahnen der Autos sehen, entgegnen die im Schatten sitzenden Männer unseren Gruß, winken uns die halbnackt arbeitenden Mädchen mit beiden Armen zu, offen. Einmal, im weichen Abendlicht, machen wir wieder kehrt, um sie zu filmen; Hans Jakobi, der Kameramann am Beifahrersitz neben mir, bittet mich in einiger Entfernung von ihnen zu halten. Bis das Stativ fürs Tele aufgebaut ist, dauert es, und sie sehen uns dabei zu, manche ziehen sich ihr Tuch über die Brüste, ohne sich abzuwenden; und unterdessen tauchen auch deren Männer auf, um alles näher in Augenschein zu nehmen.

Zum Konflikt jedoch kommt es dann zwischen uns; einige finden diese Filmerei 'unmöglich', sehen darin einen unvertretbaren Eingriff in die Privatsphäre, voyeuristische Übergriffigkeit, die sich nicht um die Einwilligung der anderen Seite kümmert. Mit dem Kameramann selbst – der ein äußerst diskreter Mensch ist – hat das alles nichts zu tun; die moralische Entrüstung ist viel eher der spießige Reflex jener politischen Korrektheit, die das Rechtskonservative bloß dogmatisch ins Gegenteil verkehrt, dabei jedoch genauso totalitär bleibt. Wir sind hier nicht als Stellvertreter eines Westens, der nun seine Aufklärung dadurch zu zeigen hat, indem er das Bewußtsein einer historischen Bringschuld demonstriert: wir begegnen den Menschen hier als Einzelne, von Individuum zu Individuum.

Und es ist im Lauf der abendfüllenden Diskussion dann, daß Herodots Anekdote erstmals auftaucht, weil sie dieses langsame Aufeinanderzugehen und Abwarten, um dem anderen Zeit zum Reagieren zu geben, als Bedingung für einen gerechten Handel in den Vordergrund rückt. Jede Kommunikation ist ein symbolischer Tausch, der auch ohne Sprache zustandekommt – so betrachtet war das Winken der Mädchen eine Aufforderung und Einladung, unsere Dinge am Straßenrand auszulegen, und unsere Neugier gegenseitig. Was wir dabei austauschen, sind zunächst Klischees: das Interesse für die Mädchen an ihrem Wassertümpel war ein ebenso offensichtlich erotisches, wie das Fernsehbild dann das uralte Stereotyp von edlen Wilden, naturverbundener Lebensfreude und pittoresker Armut im Sonnenuntergang widerspiegeln wird. Doch was sie wiederum an uns sehen, ist zunächst ebenso grob konturiert: das dem Eigenen Fehlende, wie es auf das Fremde projiziert wird. Denn bleiben wir in den Dörfern stehen, werden wir von den Kindern mit großen Augen kichernd begafft; soviel 'Weiße' sind ihnen noch nicht begegnet, als daß wir kein Anlaß für unverhohlene Neugier wären.

Haben sie die erste Scheu aber einmal überwunden, betteln sie um 'bidon!, bidon!'. Habe ich erst geglaubt, daß sie damit eigentlich 'bonbon' meinen, merke ich schnell, daß sie wirklich nur nach unseren leeren Plastikflaschen schreien: sie greifen danach mit ausgestreckten Händen, weil sie nicht einmal Wasserkanister besitzen. Und wir lassen ihnen diesen unseren Zivilisationsmüll, ähnlich wie Herodots in der Antike überall verrufenen Karthager ihre 'Waren'.

Die Fahrt geht durch die monotone Weite des ehemaligen Tschadseebeckens, das sich einmal 330 000 km² weit ausdehnte, hoch bis zum Ennedi-Gebirge im Norden. Dieser nach der Eiszeit größte Binnensee Afrikas ist heute – ähnlich wie der Aralsee – auf einen Bruchteil seiner einstigen Größe geschrumpft und hat die staubigste Gegend dieser Erde hinterlassen. Auf der gelb verdorrenden Savanne wächst kaum etwas anderes als die Calotropis-Staude: die scheinbar saftgrünen Früchte zerbröseln unter den Händen und sind giftig – ihrer ballförmigen Backen mit der schließmuskelartigen Narbe und der darin auslaufenden Furche wegen heißen sie in der Bibel auch 'Sodomsäpfel'.

Hinter uns hängt der Staub kilometerweit in der Luft und zeigt, warum das Land derart unfruchtbar ist; so fein zu Schluff und Ton zerschliffen kann es bei Regen nur aufquellen und verschließt so die Nährstoffe im Boden darunter, während das bißchen Stickstoff oben abgeschwemmt und verweht wird. Wenn es einen klar zu benennenden Grund für die Krisen in diesem Teil der Sahelzone gibt, dann ist es dieser Flugstaub, der Kamel- und Rinderhirten ebenso wie Bauern von ihren Territorien ab- und an den Rand der Existenz drängt.

Doch damit beginnt die Geschichte des Staubes erst – um sich am Ende ins Gegenteil zu verkehren: denn einmal in riesigen Staubfahnen vom Wind über den Atlantik getragen, wandeln sich seine lebensvernichtenden Auswirkungen zu Leben schaffenden. Die zweiundzwanzig Millionen Tonnen, die hier jährlich weggeblasen werden, machen nämlich über die Hälfte des Staubes aus, der sich im Amazonasbecken wieder ablagert: als Dünger für den üppigen Dschungel. Es ist ein Regenwald, der all das Wasser hat, das hier zu Staub geworden ist – während der Staub dort erst der Erde jene grüne Lunge wachsen läßt, die unsere Luft rein hält: Luft, die uns auf der Fahrt bei offenem Seitenfenster nun benommen ist.

In Abeché hängen wir fest, weil eins der Autos auf der Piste in eine der abrupt abbrechenden Wadidurchfahrten geschlittert ist und dabei ein Getriebezahnkranz abgeschert wurde. Um zu einem neuen Differential zu kommen, fliegt schließlich einer der Fahrer zurück nach N'Djamena und wir warten, tagelang, im ummauerten Hof eines Brunnenbauers kampierend, der uns seine Gastfreundschaft erweist. Die Stadt selbst ist voll mit Entwicklungshelfern der unterschiedlichsten Couleurs, die sich hier auf die Füße treten, weil dies der Hauptversorgungsort ist für die zwei Millionen Flüchtlinge in den Auffanglagern auf sudanesischer Seite. Die Bürokratie zur Verwaltung der Darfurkrise hat sich hier in neuerbauten Villen samt Chauffeuren in klimatisierten neuen Toyotas niedergelassen.

Im *Cotton Club*, der einzigen Bar hier, begegnen wir ihnen abends, hören erst unfreiwillig ihren Gesprächen zu und fragen sie dann aus. Es braucht nicht lange, bis klar wird, daß die seit Jahren in allen Zeitungen stehenden Meldungen eines Genozids vor allem eines sind: Kolportage. Daß die Pressemaschinerie aus reinem Eigennutz weiterhin mit entsprechend einschlägigen Berichten versorgt wird, ist ein offenes Geheimnis. Auch wenn niemand mit Namen genannt werden will, wird ganz ohne vorgehaltene Hand darüber gesprochen, daß keinem daran gelegen ist, die gerade etablierten Strukturen wieder aufzulösen, jetzt, da die Spendengelder fließen. Und privat gesehen ermöglichen die Auslandszulagen hier ein sattes Leben; der eigentliche Gehalt bleibt sowieso zuhause auf der Bank.

Dass Massaker verübt worden sind, ist klar. Daß hinter den arabischen Reitern der Janjawid der nomadische Um Jalul Stamm steht, der das Gebiet zwischen der Wüste des Dreiländerecks im Nordosten und dem Grenzfluß zwischen Tschad und Sudan für sich beansprucht, ist schon schwerer auszumachen. Zusätzlich motiviert wurden Mitglieder des Stammes von einem rassistischen Überlegenheitsanspruch und einem Sektierertum islamischen Zuschnitts. Weiß man jedoch, daß die Um Jalula ihre Waffen nicht nur den pan-sahelistischen Ambitionen Libyens verdanken, sondern auch tschadischen Freischärlern sowie dem sudanesischen militärischen Geheimdienst – der sie als Militia benützt hat gegen die (vorläufig befriedeten) lokalen Rebellionen der Sudanesischen Befreiungsarmee, in deren Verlauf die Regierung auch Bombardements eingesetzt hat –, dann wird das Bild eines staatlich verordneten Völkermordes zusehends unschärfer. Übrig bleibt ein Mosaik opportunistischer Allianzen mit jeweils unterschiedlichen Agenden und Interessen hunderter von verschiedenen Stämmen und Clans, das sich weder auf einen ethischen, noch einen religiösen Konflikt oder einen Kampf um Einflußnahme innerhalb der politischen Kasten des Sudan quadrieren läßt.

Wenn überhaupt, dann läßt sich diese Krise auf die *hawakir* des ehemaligen Sultanats im Darfur vor 250 Jahren zurückführen, jene Landvergaben, mit denen Bauern Anbauflächen zugesprochen, damit aber auch die Durchzugs- und Wasserrechte der Kamel- und Rinderhirten beschnitten wurden:

sie stellt nur einen von den seit Menschengedenken immer wieder eskalierenden Konflikt zwischen Seßhaften und Nomaden dar. Ihr Auslöser war jedesmal elementarste Not: ein Leben knapp an der Existenzgrenze, wo die Ernährung so mangelhaft wie einseitig ist, und das Wasser erst über weite Distanz herangeschafft werden muß; wo die Tagestemperaturen erdrückend und die Winternächte bitter kalt sind; wo Dürren und Überschwemmungen, Staub- und Sandstürme, Fliegen-, Mücken- und Heuschreckenschwärme alles bestimmen; wo noch die einfachsten Krankheiten ohne Ärzte oder Medikamente tödlich sind.

Doch weil all dies die Vorstellungskraft von uns Europäern weitgehend überfordert – uns letztlich langweilt –, wirkt die Schlagzeile eines Genozids plakativer: ungeachtet dessen, daß ihn kein einziges Foto dokumentiert und auch die auf kleinste Dörfer abgeworfenen Bomben weder die auf reinen Spekulationen basierenden Zahlen von Hunderttausenden von Toten erklären noch die Millionen von Flüchtlingen. Dazu paßt, daß sich unter dem Schlagwort 'Terrorismus' aber auch noch geopolitische Anliegen kaschieren lassen, gerade in dem Moment, wo man in dieser Region unerwartet große Erdölvorkommen entdeckt hat, noch dazu in besserer Qualität als im Nahen Osten, und es jetzt um strategische Absicherung westlicher Claims geht.

Daß der solcherart von inner- und außerpolitischen Interessen geschürte Kampf ums bloße Überleben zu Gemetzeln geführt hat, bestreitet niemand; gleichzeitig aber wird eingeräumt, daß eine auf einen Genozid ausgerichtete Hilfsstruktur mit ihren Auffanglagern erst die Wanderungsbewegungen schafft, die sie eigentlich eindämmen will: denn dort gibt es Wasser, Essen, Decken, all das also, was nach wie vor Luxus ist, hier, wo wir die Menschen ihr Wasser aus 70 km weit entfernten Brunnen holen gehen sehen. Das Kapital, das sich aus dem kurzsichtigen Medieninteresse für kaum überblickbare Verhältnisse schlagen läßt, schafft eben auch parallele Strukturen. Die Hilfe wird dadurch in vielen Bereichen ebenso redundant wie sie ihren Fokus verliert; und der Legitimationsdruck der einzelnen Organisationen, der durch die gegenseitige Konkurrenz nur größer wird, ist ebenfalls einer geringer werdenden Effektivität zu Buche zu schlagen.

Als Entgegnung sind diese Argumente zu gerafft; sie klammern jede individuelle Anstrengung dabei aus. Aber daß diese Dialektik den einzelnen Entwicklungshelfern zu schaffen macht, merkt man besonders den Deutschen an: sie wirken bis auf wenige Ausnahmen ausgebrannt, demotiviert, lustlos und krank – froh, endlich wieder nach Hause zu kommen. Daß wir kein einziges gutes Wort weder über Land noch Leute hören, mag auch an den frustrierten Stereotypen liegen, die sie vielleicht ursprünglich bewogen haben, sich für ihre Mission zu bewerben: weder von dem exotischen Orientalismus des Maghreb noch der lebenslustigen Sinnlichkeit Schwarzafrikas ist hier im Tschad etwas zu finden, kein einziges Klischee, das einem sonst dabei hilft, Zugang zu finden und eine Identifikation aufzubauen. Und der Mangel an Selbstironie, den anscheinend nur das Vorgehen nach Plan A kompensieren kann, macht es auch nicht leichter, sich an diese staubige Leere des Tschad anzupassen.

Das beginnt bei einer jungen Studentin, die Forschungsgelder erhalten hat, um ein Jahr in einem Dorf ethnologische Studien zu betreiben, nach elf Monaten aber nicht mehr als nur ein paar Hände geschüttelt hat: weil das Haus, in dem sie samt Solaranlage für Computer und Klimaanlage leben will, noch nicht gebaut ist; sich ein Auto zu besorgen, den Großteil der Anstrengungen gekostet hat; und sie zudem auch ohne ihren Freund gar nicht kommen wollte. Wozu auch den Menschen hier auf ihrer Ebene zu begegnen, mit ihnen, in ihren

Verhältnissen zu leben, wenn es scheint, als könnte man in die Fremde gehen, ohne auf das Eigene samt Komfort, Transport und Beziehungskiste verzichten zu müssen? Und das endet bei dem Missionar, der im Kaftan rumläuft, um sich seinen Schäfchen anzupassen, aber dabei gar nicht merkt, daß er kaum mehr als nur geduldet scheint. Wozu ihnen auch noch mit unserer Religion auf die Nerven gehen, wenn sie mit ihrer schon genug zu tun haben? Nächstenliebe als institutionelles Projekt samt Gehaltszulage und Pensionsanspruch? Oder nur das Quentchen Abenteuerlust, ohne die Fähigkeit jedoch, sich außerhalb unserer zivilisatorischen Koordinaten bewegen zu können? Von einem selbstlosen Interesse, das nicht nur eine Moral abarbeiten will, sondern sich enthusiastisch für etwas zu begeistern vermag, ist jedenfalls nichts zu spüren.

Dass die Krise sich nicht begrenzen lässt, merken wir am Trommeln und Grölen in den letzten zwei Nächten in Abeché. Ein Putschversuch hat stattgefunden, wie schon im Jahr zuvor, als ein Mordanschlag auf den Präsidenten mißglückte; ob uns nun aber das Spottgeschrei der Sympathisanten wachgehalten oder das Militär sich Mut angesungen hat, ist nicht zu sagen.

Auch dabei spielt die Darfurregion eine entscheidende Rolle; sie hat noch immer als Ausgangsbasis für jede Rebellion gedient. 1982 startete Hissein Habré von dort aus seine siegreiche Offensive; und Idriss Déby stürzte ihn 1990 wieder, indem er sich von dort aus organisieren konnte. Diesmal ist es ein Regimegünstling – der Panzerkommandant der Grenzstadt Abré, wo alle Hilfslieferungen durchkommen –, der samt Garnison zu den Putschisten übergelaufen ist. Befehligt werden sie jedoch von einem knapp dreißigjährigen Elektroingenieur, der in Kanada studiert hat und erst seit einem Jahr zurück im Tschad ist; seine Truppe nennt sich Scud – 'Socle pour le changement, l'unité nationale et la démocratie'; die Anspielung auf die von Saddam Hussein auf Israel abgeschossenen Raketen ist so gewollt, wie ihre Forderungen denkbar allgemein sind: den Diktator abzusetzen. Das einzig Überraschende ist, daß Rebellen wie Machthaber diesmal derselben – sonst im Tschad verhaßten – Ethnie angehören, den Zaghawas (sprich: 'Sarauas').

Diese Meutereien im eigenen Lager waren dabei jedesmal darauf zurückzuführen, daß die Koalition zusammengehöriger Stämme sich bald nach der Machtübernahme bei der Postenverteilung übergangen fühlte. Seit der kranke Präsident sich zweimal im Jahr in Paris behandeln läßt (er behauptet, eine Dickdarmerkrankung; alle aber reden von einer Leberzirrhose) und das durch seine Abwesenheiten entstehende Vakuum füllt, indem er die Macht nur noch auf seinen eigenen Stamm verteilt – die Bedeiyat im Ennedi –, ist diese Meritokratie ins Ungleichgewicht geraten. Das hat paradoxerweise die Darfurkrise beruhigt: die Rebellen hörten vorläufig auf, die Janjawid zu unterstützen, weil sie auf die Duldung der Sudanesen angewiesen sind, um sich im Grenzgebiet halten zu können; und Idriss Déby wird andererseits von den Franzosen unterstützt, weil die Sicherheit der Hilfsorganisationen und die Claims der Ölfirmen auf dem Spiel stehen. Die Präsenz der alten Kolonialmacht ist es jedenfalls, die die Machtkämpfe eher im Untergrund stattfinden lassen – noch.

Als wir aus Abeché rauskommen, hören wir die Jagdflieger der plötzlich hierher verlegten Staffel landen, während uns überall Militärs mit ihren Toyota Pickups begegnen – ohne Uniform, dafür ein Bündel festgezurrter Bazookas und ein Maschinengewehr neben den Dieselfässern hinten auf der Ladefläche –, die sich auf den Weg nach Abré machen, das eine Stunde entfernt im Osten liegt. Erst bei der Rückkehr werden wir erfahren, daß sie die Rebellen zwar einkesseln konnten – sich dann aber weigerten, auf sie zu schießen.

Anekdotik eines Tages. Unsere Piste geht nach Norden, weiter auf der eintönigen Fläche des ehemaligen Tschadseebeckens, das Grün der Savanne, das Rot der Erde, zu dem alle einmal existierenden Gebirge längst erodiert sind, abgetragen bis auf Kontinentalsockel aus Gabbro und Granit, der an manchen Stellen der Ebene zu Gesteinsblasen aufplatzt. Wir bleiben bei einem steckengebliebenen Auto stehen und geben den darunter im Schatten liegenden Menschen Wasser ab; binnen Minuten haben wir 60 Liter ausgeteilt.

In Kalait – dem letzten Dorf vor dem Ennedi – füllen wir unsere Dieselreserven auf; währenddessen gehe ich durch das Dorf, die Kamera offen in der Hand tragend, und werde schon nach wenigen Metern angeschnauzt, 'wer mir den Auftrag zu fotografieren erteilt hat'. Der Präsident, erwidere ich. Die Miene der Männer am Markt bleibt starr; sie wissen nicht, ob ich sie auf den Arm nehme, aber wenigstens ergeben sich dann ein paar Sätze eines Gesprächs. Als ich zurückkomme, ist Sven von johlenden Kindern umlagert, denen er Grimassen beibringt; wie überall ist der erste und einzige Satz 'Gib mir ein Geschenk! Gib mir ein Geschenk!!' Ich bin's schon so leid, daß ich zurückfrage: Warum?, was keine Reaktion auslöst, sondern nur zur Wiederholung der Forderung führt. Also sage ich zum Wortführer des Rudels, daß er mir zuerst ein Geschenk machen soll – worauf er dem Kleinsten die Kappe abreißt und sie mir hinhält. Ich lache und ziehe ein paar Kugelschreiber aus der Tasche, genügend für alle, woraufhin eine Prügelei darum einsetzt, bei der ich einen Buben knapp davon abhalten kann, seinem Nachbarn einen Stein auf den Kopf zu werfen. Bei dieser Art der Kumpanei, denke ich mir, kann ich wohl ein Foto von dem Haufen machen; aber ich habe noch nicht einmal das Auge am Sucher, gehen sie schon alle in Deckung; sie werfen sich auf den Boden, als wäre etwas explodiert. Nur einer der Jungen baut sich vor mir auf und sagt mir grad ins Gesicht: 'Mach das nicht! Das darf man nicht!'

Ich mag den Stolz, mit dem er mich konfrontiert, die Respekt- und Furchtlosigkeit daran. Als Haltung bringt sie die latente Aggression auf den Punkt, die sich auf den Gesichtern der Menschen hier widerspiegelt. Jedem Fremdem, genauso wie untereinander auch, setzt man zuerst diese kriegerische Maske auf, die herausfordernde Konfliktbereitschaft ausdrükken soll: wo nie genug für alle da ist, muß man früh lernen zu überleben, vor allem auf Kosten anderer. Was in solch einer Subsistenzgesellschaft Solidarität gewährleistet, ist die Religion – daher auch die Vehemenz, mit der sie auf dem islamischen Bilderverbot bestehen.

Bei der Mittagsrast später helfen wir eine Kuh aus dem drei Meter tiefen ausgetrockneten Wasserloch ziehen, in das sie mit dem Kopf voraus gerutscht ist. Die Hirten tragen aus Plastik gegossene Halbschuhe und Meike gibt ihnen einen der Beutel Zucker, die sie dafür abgepackt hat. Jede Begegnung ist hier ein Tausch. Nur die fortwährende Bettelei um Geschenke scheint sich mit diesem Stolz zu spießen; vermittelt sie nicht doch Unterwürfigkeit? Die wir mit der Gutwilligkeit bloßer Touristen noch befördern?

Meike Meerpohl, die Ethnologin, die schon länger hier lebt, hat darauf eine etwas andere Antwort. Im reicheren Sudan, sagt sie, ist die Grundhaltung die eines 'Was kann ich dir geben', welche die Armut hier ins Gegenteil eines 'Was kannst du mir geben' verkehrt. Hinter beidem jedoch steht das *zadakat* – die Pflicht der Reichen im Islam, den Armen ein Zehntel ihres Besitzes zu geben. Das wird erwartet; wer dem nicht nachkommt, schließt sich innerhalb der Familie und des Stammes aus. Auf dieser, auch geschlechtsspezifischen Institution des Geschenks beruht ein wesentlicher Teil der Gesellschaft: Frauen schenkt man Dinge für den Haushalt oder Nähzeug; Männern eine Ziege, Milch oder auch ein Kamel; Zucker allen. Je mehr man hat, desto mehr verschenkt man; und weil alle etwas wollen, werden alle Geschenke stets verteilt.

Aber nicht nur jede Begegnung ist ein Handel, auch jede Geschichte ist ein Handel mit Worten und Bildern: das wird uns spätestens dann klar, als uns der Regisseur des Fernsehteams erzählt, daß es für diese Reise in unbekanntes Land vorab bereits ein Drehbuch gibt: voller vorgeschriebener Lagerfeuerszenen, Dünenüberquerungen und den Klischees einer Wüstenreportage, die immer nur zum kleinsten Teil wahr sind. Alles andere, meist das eigentlich für uns erst Interessante, wird ausgeblendet werden: die Erwartungshaltung eines Publikums ist zu erfüllen. Und irgendwann in der vierten Woche wird der Regisseur einmal beiläufig meinen, daß er im Film so etwa bei 8 Uhr abends angekommen ist, und daß jetzt etwas passieren muß, sonst schalten die Leute zu den Nachrichten um.

Das notgedrungen Mosaikhafte der Beobachtungen unseres Surveys kann nur insofern berücksichtigt werden, als es ein klares Bild zeichnet, das auf Anhieb erfaßbar sein muß und sich nicht auf Details fokussieren darf. Indem das Fernsehen unsere demokratische Spielform des Wissens darstellt, das nur auf dem größten gemeinsamen Nenner aufbaut und der Quote wegen die Latte nach unten legt, demonstriert es ein weiteres Mal jenes ökonomische Prinzip, demzufolge sich der Wert eines Tauschobjekts nur am bereits Bekannten mißt. Die Begegnung mit dem Unbekannten jedoch stellt das Gegenteil davon dar: eine Erfahrung mit Dingen, die sich kaum fokussieren lassen, disparat und komplex bleiben, unvorhersehbar und unüberblickbar.

Darum wundert es wenig, daß im ausgestrahlten Film später kaum etwas von dieser Reise wiederzuerkennen ist. Der Regisseur, der uns begleitet hat, ist ja nicht einmal derjenige, der ihn dann in Mainz komponieren darf – oder besser aus einzelnen Szenen zu einer Dramaturgie kollagieren, die mit der Episodik der Reise nichts zu tun hat. Glaubt man dem Film, sind wir von Banditen und Schlangen umgeben, kaum daß wir uns vom Lagerfeuer erheben; haben wir den 'Sultan von Archeï' getroffen und nicht bloß einen wichtigtuerischen Beamten; bin ich selber zum Entdecker eines 'Steinzeit-Louvres' avanciert; ja wissen wir Halbschuhtouristen schon nach einer Woche nicht mehr, 'ob Wasser und Diesel zur Rückkehr langen werden'. Vom Putschversuch dagegen ist keine Rede, ebensowenig wie von all den diversen steinzeitlichen Entdeckungen – und nicht einmal Agoza ist zu sehen, das eigentliche Ziel unserer Reise. Da hatte unser Regisseur schon vor Ort abgewunken: 'das braucht ihr gar nicht erst abzufilmen; ich kann euch gleich sagen, daß das am Bildschirm nicht rüberkommt'. Unter den standardisierten Vorgaben eines Massenmediums wird so aus einer Reportage im Handumdrehen eine Kolportage.

Das Archeï-Guelta, der einzig touristisch bekannte Ort im Ennedi, ist unsere erste Station: wir wollen dort noch die sieben Krokodile sehen und filmen, die es in diesem Wasserloch gibt, und klettern dazu hoch auf das Plateau. Unten werden gerade Hunderte von Kamelen zwangsweise in seinem brackigen Wasser getränkt und ihr kehliges Brüllen hallt die engen Felswände hoch, so urzeitlich rauh und laut wie jenes der Saurier, die es hier im Jura vor Millionen Jahren gab. Die verkümmert kleinen Krokodile sind noch Zeugen dieser Zeit – und wie die winzigen Fische zugleich das letzte Zeichen des alten Tschadsees.

Vor Fada, der letzten Siedlung vor der Wüste, liegen noch immer Minen aus dem Tschadkrieg und mehrere Panzer, die die Libyer stehen ließen, als ihnen auf dem Rückzug der Treibstoff ausging. Ein rot aufgemaltes OK zeigt, daß Sprengfallen von irgendeinem der sporadischen internationalen Entminungskommandos entfernt wurden; trotzdem ist erst vor wenigen Wochen ein Militärjeep kurz vor dem Dorf explodiert. Grund für den Tschadkrieg waren die Uranvorkommen im Nordtibesti; Rechtfertigung aber ein in Rom 1935 unter dem Druck der Faschisten ausgehandelter neuer Grenzverlauf. Die Franzosen hätten den Aouzou-Streifen damals an die Kolonie Tripolitanien abtreten sollen, ohne daß der Beschluß jedoch ratifiziert worden wäre. Der Umstand, daß diese Grenze sich jedoch auf den alten italienischen Karten eingetragen fand, genügte Ghaddafi als Vorwand, um das Terrain 1973 zu okkupieren – und es bis 1987 zu halten, als die Libyer von den Tschadern mit französischer Unterstützung ausgehebelt wurden.

Fada selbst ist eine Oase unter der Steilstufe des Ennedi: im Abendlicht sehen wir zuerst das auf eine Betonplatte gemalte Porträt des Präsidenten auf dem Hügel; dann die Zinnen der alten Fremdenlegionsfestung; und schließlich die verwinkelten Lehmbauten einer Altstadt. Bei der Ankunft melden wir uns zuerst beim Militär, wo wir von frisch rasierten und nach Eau de Toilette riechenden Offizieren begrüßt werden, die uns wider Erwarten aber gleich zum Provinzgouverneur weiterschicken. Der empfängt uns in seinem klimagekühlten Saal eines Neubaus, der leer ist bis auf die Garnitur Ledersofas und eine Matratze, auf der er nachts schläft. Zu unserer Überraschung entläßt er uns nach Übergabe der Papiere ebenfalls wieder: wir haben damit gerechnet, daß man an die Fortsetzung der Reise Bedingungen knüpfen und uns zumindest eine Eskorte aufgezwungen werden wird.

So aber scheint jedermann damit beschäftigt, die Meuterei in den eigenen Reihen zu befrieden – das hören wir nachts: Schmerzensschreie, wie von jemandem, der ausgepeitscht wird oder Stockschläge auf die Fußsohlen erhält. Ich zähle mit; nach jeweils zehn Schreien tritt jedesmal eine kurze Pause ein – nach 60 Hieben ist Schluß, auch weil es schon dämmert. Doch da der Ramadan begonnen hat, bedeutet das, daß der Abgestrafte den ganzen Tag weder Wasser noch Essen erhalten wird.

II

Zehn Tagesreisen weiter westlich gibt es ein Volk, bei dem keiner einen eigenen Namen trägt; es flucht der Sonne und überhäuft sie mit Schmähungen, weil sie zu heiß brennt und Menschen wie Land ausdörrt. Noch zehn Tagesreisen weiter wohnt ein Volk, von dem es heißt, daß es keine Träume hat – Herodot

Das zerklüftete Massiv des Ennedi liegt wie ein Riegel vor dem Kern der Ostsahara, die sich zwischen Tibesti, Nil und Mittelmeer ausbreitet. Bis hierhin bringen die Südwinde noch Wolken, reicht die Fauna und Flora der Savanne, weil es sporadisch abregnet; dahinter beginnt das trockenste Gebiet der Erde, wo die Luftfeuchtigkeit auf wenige Prozent fällt, das Grundwasser auf hundert Meter Tiefe absinkt, wo Wüste ist: Sand und Sandstein. Auch die Piste, die noch über die schwarzen Schlacken des Plateaus geführt hat, hört im Norden auf, wo sich der Blick auf die langgestreckte Mourdi-Senke mit ihren Dünen auftut, neblig grau in einem Sandsturm, der einen ohne Tuch vor dem Mund kaum atmen läßt. Hinter dieser Barriere, unsichtbar noch, liegen die Hochflächen der Erdis und das Erdi Ma (das 'östliche' Erdi), das unser Ziel ist.

Wir haben unsere Wasser-, Essens- und Dieselreserven aufgefüllt; die Autos sind bis zum Letzten beladen. Der Eindruck, noch die letzten Reste einer in jeder Hinsicht instabilen Zivilisation zurücklassen zu können, ist jedoch illusorisch: rationiert auf fünf Liter pro Mann und Tag sind wir nur für gute zwei Wochen autark und die Treibstoffvorräte langen bestenfalls für einen Radius von 800 km. Und das ist trotz aller Technik weder länger noch weiter als die Strecke, die die Karawanen seit jeher überwinden können. Das Gefühl, eine Reise zu unternehmen, eine Fahrt, ist deshalb falsch: wir unternehmen nur einen begrenzten Abstecher in einen Erdteil, dessen Leblosigkeit gleichsam einer anderen Welt angehört. Diese natürliche Grenze geben auch die Namen wieder; in der Sprache der Nomaden bedeutet Ennedi 'Feucht Land', Erdi jedoch 'Feind Land'.

In der Senke unten stoßen wir noch auf das Holzgestänge von Hütten und versandete Brunnen, die der anhaltenden Dürren wegen vor Jahren verlassen wurden. Die Stämme haben ihre Winterquartiere nun südlich des Ennedi: die Mourdi-Senke ist mittlerweile das Niemandsland vor den Erdis.

Während der Sturm gegen Nachmittag schwächer, die Hitze aber größer wird, schaufeln wir uns durch das Dünensystem, wo selbst an der Windkante noch die Wagen im unberechenbar weichen Sand steckenbleiben, und trinken, trinken – bis auf die tschadischen Fahrer, die ihren Ramadan einhalten und abends über Nierenschmerzen klagen. Viele lange Stunden später sind wir durch.

Das weiche Abendlicht löst die Ferne auf, macht sie zugänglich; erst seine langen Schatten lassen ein Maß für Proportionen und Distanzen entstehen und reduzieren das einförmig Weite auf eine scheinbar menschliche Größe: mit einem Mal entsteht der Eindruck, als gehörten nun auch wir in diese Landschaft.

Ich bin nicht der Einzige, der das so spürt; wenn ich mich umschaue, hat sich jeder von uns einen anderen Punkt gesucht, um der Sonne beim Untergehen zuzusehen. Ich sitze angelehnt an einen Steinhaufen, den ich erst für die Wegmarkierung einer Karawanenroute gehalten habe, bis mir klar geworden ist, daß er ein Grab markiert. Doch selbst mit dem Rücken zu einem Toten stellt sich kein Gefühl eines Ichs ein, kein Gedanke, der sich an einem Hier und Jetzt festmachen, sich verfolgen oder festhalten ließe; es ist, als wäre man jeder Abstraktionsfähigkeit benommen. Eine Grenze zwischen Lebendem und Totem läßt sich kaum noch ziehen, sie gehen ineinander über. Und was ich über diese Landschaft weiß, ist so wenig wie über mich selbst; zwischen dem, was nicht mehr denkbar und dem, was nicht mehr begreifbar ist, scheint kaum noch ein Unterschied: die Stille des Abends gibt über nichts Auskunft außer über sich selbst. Es ist, als verlören mit dem schwächer werdenden Licht auch das Fremde und das Eigene ihren Ort und höben sich auf (es in Worte zu fassen, ist schwierig, auch jetzt noch).

Stattdessen wird das Blau am Horizont größer, es beginnt umso tiefer zu leuchten, während es sich gleichzeitig an seinem Rand ins Weiß auszudünnen beginnt, der Erdschatten aufsteigt hinter mir und die ersten Sterne sichtbar werden. Im Lager drüben sehe ich unseren Fahrern beim Gebet zu und höre ihr 'Allah il-Allah', höre, wie sie einen Gott anrufen, dessen Namen aus der einen Silbe Lah besteht, derselben, die auch im christlichen Hallelujah, im *houloi* der Griechen und dem *alala* der Babylonier steckt: nichts als ein Gestus, der in seiner Einfachheit alles Humane beinhaltet – Gott, der nichts als eine Singsilbe ist, ein vokalisches Apostrophieren dessen, was da ist: dieses großen Blaus.

Die Wüste zu queren heisst auch, sich mit der Zeit zu messen; ihre Art der Unendlichkeit hat man hier vor Augen. Die vereinzelten, ein paar Meter pro Jahr über die Mourdi-Senke wandernden Dünen: diese riesigen Barkhane wiegen an die 200 000 Tonnen und enthalten mehr Sandkörner als das Universum Sterne haben kann.

Begreifbar werden diese Zahlenspiele jedoch erst in dem Maß, wie sie hier am Erdboden wirklich werden: vor Tausenden von Jahren war die Mourdi-Senke ein Seebecken, in dem sich meterhoch vom Wasser zu feinem Mehl zerschliffener Ton ablegte. Darüber hat dann der Wind sein eigenes Erosionsmaterial abgelagert, grobkörnigen Sand, und ihn über dem trügerisch lockeren, weichen Untergrund festgepreßt.

Fahren wir zu langsam, reißt deshalb in der Reifenspur an manchen Stellen unter dem Gewicht des Wagens manchmal ein Loch auf und weitet sich aus, tief genug, um alles darüber zu verschlucken. Es ist hier, daß die Fünfte Welt nun beginnt, wie die Quintessenz einer Realität hinter jedweder humaner Oberfläche: die eigentliche Erde.

Erstmals hebt sich der Südrand der Erdis von der Ferne ab: eine Silhouette von blauen Bergen unter einem gleißenden Himmel, weiß wie die Leerstellen mittelalterlicher Folianten, auf die man ein *hic leones, ibi dracones* malte. Nichts als eine Kartenlegende, hat sie hier in den Erdis dennoch einen wahren Hintergrund: ein französischer Leutnant, der in den dreißiger Jahren diese Gegend patrouillierte, konnte anhand der Fährten noch gut vier Dutzend Löwen zählen und erlegte nach einer langwierigen Jagd einen von ihnen.

Und was die Drachen betrifft, so hat Stefan zwei Jahre zuvor Knochen entdeckt, die die Sage von solchen Wesen aufkommen hatten lassen: Dinosaurierskelette – auf vergleichbare Weise haben Mammutknochen in der Antike auch zur Vorstellung einer ausgestorbenen Rasse von Titanen geführt. Beides aber werden wir auf dieser Fahrt nicht finden: über die Position des gut erhaltenen Skeletts ist jetzt eine Düne gewandert, die sie erst in ein paar Jahrzehnten wieder freigeben wird. Und von den Löwen fehlt ebensosehr jede Spur wie auch von ihrer Beute, den Gazellen – Zeichen für die zunehmende Austrocknung dieser Wüste.

Wild aber ist überall, auf allen Wänden. Bereits in den Ausläufern des Erdi Ma finden wir an Felsvorsprüngen und Überhängen zahlreiche Ritzungen und Bilder: Großwild wie Elefanten, Nashörner und Giraffen aus der Altsteinzeit mit ihren langen Feuchtphasen; Rinder aus der Jungsteinzeit zwischen 10 000 und 3 500 v.u.Z., als Menschen hier seßhaft werden konnten; Kamele, die durch die Perser erst vor gut 2 000 Jahren hierhergelangten und erneut Zutritt zur Wüste verschafften.

Am seltensten und ältesten aber sind die stilisierten Abbildungen von Menschen mit Rundköpfen oder dreieckigen Körpern. Von ihnen hat schon Herodot berichtet, wenn er in dieses *menschenleere Land, ohne Wasser, Tiere, Regen und Holz, wo nicht einmal Tau fällt,* die Sage versetzt von *Leuten mit Hundeköpfen und ohne Kopf, Tiere mit Augen auf der Brust und wilde Männer und Weiber sowie viele fabelhafte Tierarten* – womit er sich, unwissentlich, nur auf diese Felsbilder beziehen kann.

Die archäologischen Befunde und die sie kontextualisierenden geologischen und botanischen Erkenntnisse für diesen Kernraum der östlichen Sahara gehen auf die Forschungsstelle Afrika der Kölner Uni zurück. Zusammen mit anderen Wissenschaftern des interdisziplinären ACACIA-Projektes ('Arid Climate Adaption and Cultural Innovation in Africa'), das der Kölner Wüstenpionier Rudolph Kupers begründet hat, konnte Stefan Kröpelin nachweisen, wie sich über solche

Fundstellen die Auswirkungen des Klimawandels ablesen lassen – und wie dieser wiederum Kulturformen verändert. Ob die älteste bekannte Keramik oder erste domestizierte Tiere: nicht das Zweistromland und auch nicht das Niltal waren die Wiege der Zivilisation, sondern diese ehemaligen Savannen hier, die mit ihren wiederholten Dürrephasen auch die Wanderbewegungen des Homo sapiens nach Europa mit auslösten und zuletzt zur Besiedelung des Nils und zum Beginn der pharaonischen Reiche geführt hatten.

Was mich interessiert, ist die Frage, was die Menschen dazu motiviert hat, diese Bilder zu zeichnen? An solchen Stellen? An Theorien mangelt es nicht, die darin Territoriumsmarkierungen sehen, Jagdmagie, Graffiti, erste Ansätze zur Kommunikation oder schamanistische Rituale. Das einzige, was sich mit Sicherheit behaupten läßt, ist ihre Symbolhaftigkeit. Die Tiere sind abgelöst von ihrer eigentlichen Lebenswelt: keine Hügelsilhouette, kein Umriß eines Baumes, keine Andeutung von Gras und Savanne findet sich je eingeritzt. Selbst Hufe – egal ob bei Giraffen, Antilopen oder Rindern – werden nie abgebildet, so als gäbe es keine Berührung mit der Erde, ja nicht einmal eine stilisierte Bewegung. Es geht auch nicht um einen Blick auf einzelne Tiere, sondern um die Spezies an sich: dazu sind die Bilder zu schematisch und im Fehlen individualisierender Details zu generisch. Und anders als bei den europäischen Höhlenmalereien finden sie sich in keinem abgesonderten, geschlossen dunklen Bereich irgendwo tief innen. Selbst da, wo Höhlungen in den Sandstein hineinführen, liegen die Ritzungen plakativ im Eingangsbereich – dort, wo Licht hinfällt und man in die Weite sieht. Es sind, im eigentlichen Sinn des Wortes, Dar-Stellungen: die einem das Abwesende vor Augen stellen und selbst jetzt noch in die Landschaft zu setzen vermögen, was einmal die eigentliche Lebensgrundlage war.

Wenn wir glaubten, im Erdi Ma auf vollkommen unberührtes Terrain vorzustoßen, haben wir uns geirrt; wir stoßen ein paarmal auf Spuren, alte wie neue. An unserer Enttäuschung darüber merken wir, wie sehr wir am romantischen Mythos eines unentdeckten Landes gehangen haben: als hätten wir dort, wo nur Leere ist, wirklich noch auf ein neues El Dorado stoßen können oder auf irgendeine andere dieser irdischen Paradiesvorstellungen, die sich hinter solch klangvollen Namen verbergen. Stattdessen aber breitet sich vor uns nun ein Territorium aus, dessen reale Leere durch jede erkennbare Spur noch unterstrichen wird: ob Reifenspuren von Franzosen, Militärpatrouillen, Guerrillas, die von hier aus die Libyer angriffen, oder tschadischen Rebellen, die Kontrollposten umgingen oder auf der Flucht waren. Das begreifen wir zuerst an den frischen und tiefen Fahrrinnen einer Lastwagenpiste, die wir unterhalb der Klippe des Erdi Ma queren. Wir rätseln, woher sie kommt und wohin sie führt; aber es ist klar, daß die Fahrer dieser Lkws ebenso wie die Karawanenführer lange vor ihnen weit mehr Vertrautheit mit der Wüste bewiesen als wir mit unseren hochauflösenden Satellitenkarten.

Anderntags queren wir die breit ausgefächerten Tritte einer Karawane, die erst vor kurzem durchgekommen ist. Zusammengestellt werden diese Kamele – erzählt die Ethnologin Meike Meerpohl, die anderswo mehrmals mit ihnen gezogen ist – von Händlergemeinschaften, die sie den Nomaden abkaufen: hauptsächlich männliche Kamele (weibliche dürfen das

Land zum Schutz der Zucht offiziell nicht verlassen; die Tiere sind hier fleischiger als anderswo), ältere oder zu schwache Tiere und Junge, die sich nicht in eine Herde integriert haben. Von ein paar Hirten geführt, frißt und säuft dieses Hundert von Tieren erst wieder, wenn das libysche Kufra nach drei Wochen erreicht ist; dort bringt ihnen ein Strohmann Wasser und Futter und wickelt den Verkauf ab (offiziell dürfen Ausländer nichts verkaufen). Daß die Route alt ist, kann Frank Darius, unser Botaniker, am Kameldorn erkennen, der die Wegstrecke säumt. Er hat auch eine Hypothese dafür: da den Kamelen für das Nachtlager die Läufe zusammengebunden werden, damit sie sitzen bleiben, bilden ihre Krottenhaufen den idealen Dung für die Samen des Strauches.

Die Spuren jedoch, denen wir nachgehen, sind weit älter: und sie führen in eine *terra ignota* der Zeit. Denn geschichtlich überliefert von diesem Kernraum der Sahara ist so gut wie nichts. Herodot scheint einzig die Tubus im Tibesti zu kennen, wenn er von den höhlenbewohnenden Aithiopiern berichtet, *dem schnellfüßigsten Volk, von dem uns je etwas zu Ohren gekommen ist; sie leben von Schlangen, Eidechsen und ähnlichen Kriechtieren und haben eine Sprache, die ganz anders ist als alle anderen: sie klingt wie das Schwirren der Fledermäuse.*

Auf das 'Feindland' der Erdis jedoch bezieht sich hingegen bloß eine spärliche Quelle, die berichtet, daß die Wüstenoasen westlich des Nils immer wieder von Räubern aus dem Süden überfallen wurden. Die alten Ägypter unterhielten zwar – wie die Kölner Forscher herausfanden – über Jahrtausende einen Weg für ihre Eselskarawanen mit Wasser- und Lagerplätzen alle 30 km, doch ob dieser sogenannte 'Abu Ballas Trail' vom Gilf Kebir aus bis in den Süden unserer Erdis führte oder nicht, ist weiterhin ein Rätsel. Gesichert ist nur, daß es seit der Neuzeit einen Karawanenweg gibt, der vom östlichen Ennedi aus das Erdi Ma quert und weiter nach Kufra geht – ihn werden wir suchen.

Zunächst aber ist unser Ziel die einzige dokumentierte Wasserstelle in dieser Region, die Hassanein Beys Expedition, nach zehn Nachtmärschen vom Ouenat-Berg im Norden, den Polarstern immer hinter der rechten Schulter, erreichte.

So unzugänglich das Land ist, so linear sind seine Grenzlinien. Nach dem Krieg von 1870 hatten sich die europäischen Mächte auf der Berliner Konferenz von 1875 Nordafrika untereinander aufgeteilt, und das, noch bevor die einzelnen Regionen erkundet oder die einzelnen Einflußsphären gesichert waren: daß die heutigen Nationalgrenzen zwischen Algerien, Libyen, Ägypten, dem Sudan und dem Tschad strikt einzelnen Meridianen entlang verlaufen, geht darauf zurück, daß man die Protektorate allein auf der Karte festgelegt hatte.

So kam es zu der absurden Situation, daß die Ägypter Anfang des 20. Jahrhunderts sich zwar von ihrem Status als englische Kolonie nominell lösen und Fuad I. als König installieren konnten, das eigene Staatsgebiet ihnen jedoch größtenteils unbekannt war. Das führte dazu, daß Ahmed Hassanein Bey – Absolvent der Oxforder Universität und erster Sekretär der ägyptischen Legation in Washington – zunächst eine Expedition unternahm, um den Nordwesten seiner Heimat von Siwa bis nach Kufra zu erkunden und 1923 eine zweite, 4000 km lange Expedition in den Südwesten: vom Mittelmeer, der libyschen Grenze entlang und weiter zum sudanesischen Khartum. Verwertet in Artikeln für die 'Royal Geographical Society', das 'National Geographic Magazine' und in eigenen Büchern sollten die dargelegten Ergebnisse offiziell demonstrieren, daß Ägypten zurecht Anspruch auf sein Territorium erheben konnte. Auf dieser zweiten Erkundungsreise entdeckte er dabei die verschollenen Oasen von

Arkenu und Ouenat – jenen Inselberg, der heute die Grenze zwischen Libyen, Ägypten und dem Sudan markiert – und streifte auch die Erdis: er beschrieb dort ein Tal, das in die Steilstufe des Erdi Ma einschneidet.

Seine Erkundungsreise war damit der bisher einzige Eintrag in der Geschichte der Region und damit auch selbst historisch geworden; aber was er darüber berichtete, war notgedrungen ebenso kursorisch wie seine Koordinaten. Die Rede war von einem schmal sich schlängelnden Tal, an dessen Ende sich eine große Guelta befände, die er auch fotografiert hatte; die dazu angegebene Position aber stimmte nicht – das merkten wir, als wir sie erreichten: sie lag im Vorland des Massivs. Also brüteten wir zusammen mit Sven Oehm, unserem Fernerkundler, über den Satellitenkarten, um herauszufinden, welche der vielen Schluchten er gemeint haben könnte, und machten uns am nächsten Tag in jenes Tal auf, das uns der wahrscheinlichste Kandidat schien.

Je enger die Schlucht wird, desto weniger passierbar ist das Geröll; wir müssen die Wagen stehen lassen und losmarschieren. Hinter jeder Biegung splittet das Tal sich in weitere Arme auf, ausgeschwemmte Einschnitte von der Plateaukante her, die von den Regen früher einmal gegraben worden sind: unter ihren Steilstufen konnte dort, wo Schatten war, Wasser für Monate, Jahre noch liegenbleiben. Es ist ein mühsames Gehen, in der Hitze, über Felsbrocken oder im weichen Sand, aber es ist eine Begeisterung, die mich jedesmal überkommt, wenn etwas zu suchen ist, als ginge es darum, als Erster davor zu stehen oder als würde das Entdeckte nur durch die unmittelbare Überraschung erst wirklich wahr – nein: als könnte man es dann für sich selbst in Besitz nehmen. Stefan ergeht es ähnlich; wir lassen die anderen weit hinter uns zurück und liefern uns beinahe ein Wettrennen: es entbehrt nicht der Komik.

Wir marschieren alle Verästelungen ab, steigen bergan immer wieder hoch zum Plateau, ohne etwas zu finden, und drehen schließlich wieder um. Fast am Ausgangspunkt zurück, bei dem Einschnitt, der uns am unzugänglichsten erschienen war, stoße ich plötzlich auf einen freigeräumten steilen Pfad, an dessen Ende eine Klippe aufragt. Hassanein hatte seine Guelta für eine Quelle gehalten, soviel Wasser mußte damals darin gestanden haben, und der Gedanke, hineinspringen und baden zu können, läßt mich in der brütenden Hitze weiter laufen. Die letzten Meter komme ich sogar in kühlen, fast schon kalten Schatten; die Felswand rundet sich wie ausgemeißelt – eine riesige Zisterne, brennend roter Sandstein von gelben Bändern durchzogen, jeder Schritt widerhallend, selbst noch die Atemzüge. Erst unmittelbar am Rand des Pfuhls aber will ich auch glauben, daß er wirklich ausgetrocknet ist, ein metertiefer Trichter, auf dessen Grund einzig ein Büschel hartes Grün wächst.

Frank Darius, unser Botaniker, der mit Stefan hochgeschnauft kommt, kennt den Namen dieser am Boden kriechenden Pflanze mit ihren fleischigen Blättern; eine Mittagsblume ist es, aus der Gattung der *aizoaceae* – die, wie die Bezeichnung sagt, im Leblosen wächst. Verwandt ist sie mit den südafrikanischen 'lebenden Steinen', deren wasserspeichernde kugelige Körper Geröll vortäuschen, um von Tieren verschont zu werden, die aber beim ersten Regen aufblühen. Hassanein hat Glück gehabt; nur der Umstand, daß es 1922 geregnet hat – wie Stefan weiß – hat die Karawane damals vor dem Verdursten bewahrt.

Über einen sandigen Einschnitt kommen wir mit stotternden Motoren gerade noch hoch auf die Kante des Massivs. Hinter uns ergießen sich die zerklüfteten Täler hinaus in den Dünengürtel der Mourdi; vor uns erstreckt sich das Plateau des Erdi Ma, wie es allmählich übergeht in die weiten Sandflächen der Ostsahara, unterbrochen nur von den Felstafeln niederer Zeugenberge, den abgewitterten Resten der eigentlichen Oberfläche: flächiges Grau in schwarzen Geröllebenen, dazwischen die gelben Streifen des Flugsands.

Wir fahren den Westrand der Hochebene im weiten Zickzack ab, immer hinter Stefan her, der alle paar Minuten anhält, um die Topographie fotografisch festzuhalten. Es ist eine einförmige Landschaft, konturlos und 900 Meter über Seehöhe, Stefan aber sieht die Spuren eines uralten Ozeans überall – feinsplittrigen Schiefer, wie ihn eine Flußmündung vor einer ehemaligen Küstenlinie abgelegt hat; den grob gepackten und jetzt zu Höhlen ausgeblasenen Schlick eines Watts; die versteinerten Röhrengänge, die Würmer einmal in seinen Strand gegraben haben; Fossilien. Es sind Sedimente der Tethys, die sich vor mehr als hundert Millionen Jahren quer durch Afrika ergoß und den Kontinent spaltete, derselbe Ozean, dem Nordafrika seine Erdölvorkommen verdankt. Der Sandstein unseres Plateaus hat sich erst danach abgelagert, angeschwemmt von riesigen Strömen im Eozän, der Dämmerung rezenten Lebens.

Wo diese Überreste einer alten Erde für unsere Augen konturlos bleiben, entdeckt Stefan nun auch die ersten Spuren menschlichen Lebens. An dem, was wir für Geröll halten, erkennt er Abschläge, Klingen, Schaber, Faustkeile – nach der Woche, die wir auf dem Plateau kreuz und quer fahren, kommt es uns vor, als gäbe es keinen einzigen Stein auf dieser Ebene, der nicht von einer menschlichen Hand bearbeitet worden wäre. Selbst noch an den größeren Brocken, hat man erst einmal darauf zu achten gelernt, sind Einkerbungen erkennbar, die zeigen, daß daran einmal ein geflochtenes Seil geknotet war: nur ob sie paläolithischen Jägern als Fallensteine am Ende einer Schlinge dienten oder neolithischen Hirten als Fesselsteine für ihre Rinder, ist schwer zu sagen; ohne archäologische Grabungen läßt sich am schwarzen Wüstenlack, der sich an den Artefakten gebildet hat, und den von Wind gerundeten Kanten ein Alter nur sehr grob schätzen.

Und überall sind Steinsetzungen, runde, wo die Steine wahrscheinlich die Felle am Holzgerippe einer Hütte beschwerten, rechteckige, wo man sie vielleicht am Boden auslegte, um Tiere zu tränken. Dazwischen jedoch stoßen wir manchmal auf Alamate, einzelne lotrecht aufgerichtete Steine, die den Weg für Karawanen markierten; von ihnen aber ist ebensowenig zu sagen, ob sie Jahrtausende alt oder von heute sind: die Wüste ist ein Palimpsest von Spuren, abgeschabt vom Wind.

Dass wir weiter im Norden sind, merken wir auch daran, daß wir untertags weniger trinken und die Abende kühl genug werden, um Pullover zu tragen. Selbst das, was uns schmeckt, hat sich geändert: wir trinken Unmengen von Hibiskustee; mittags ist es stark gesüßter Schwarztee zu einem sauer angemachten Dosensalat; abends stillt erst eine salzige Suppe das permanente Durstgefühl; und obwohl wir immer dasselbe essen – Dosenfisch oder Dosenfleisch in einer scharfen Zwiebel-Tomaten-Sauce mit Nudeln oder Reis – ist der Hunger darauf immer gleich groß. Nur der Whiskey ist zu scharf, wir trinken ihn verdünnt mit Wasser und dem bißchen Saft aus hart gewordenen Limetten.

Das Zeitlose und Formlose der Landschaft wirkt sich allmählich auch auf uns selbst aus. Die Veränderungen an jedem werden langsam spürbar; bei den Abenden im Lager kommen zusehends andere Seiten zum Vorschein: der eine wird umso eitler, je genervter er ist; der zweite gelöster, ja fast locker; der dritte ist kaum mehr von obszönen Witzeleien abzubringen; der nächste scheint jetzt in allem hinterherzuhinken, einen leicht beleidigten Ausdruck im Gesicht; ein anderer geht mehr auf Distanz, während der übernächste zupacken lernt oder sich in die Gruppe zu fügen. Es ist, als ob sich hinter der Maske der Person, die wir zu spielen gelernt haben, nun der Januskopf jeden Ichs zu zeigen beginnt – jedenfalls wird uns nicht langweilig dabei.

Erst der gegenseitige Respekt jedoch macht aus uns einen lebendigen Haufen. Was nicht heißt, daß es zu keinen Spannungen kommt: die aber richten sich in dem Maß auf Stefan, wie er sie auch auf sich zieht. Als Leiter der Expedition nimmt er eine zunehmend autoritäre Position ein, der sich unterzuordnen immer schwerer fällt. Jeder will sein Ziel verfolgen – der Botaniker, die Ethnologin, der Fernerkundler, ich – und daß wir unter dem Blick eines Kamerateams agieren, unterstreicht die natürlichen Rivalitäten noch. Zugleich ist sein Rollenspiel aber auch ein notwendiges: einer muß die Tagesetappen abstecken und die Route bestimmen, in dem Maß, wie er auch die Verantwortung für das Gelingen der Fahrt trägt – ich möchte nicht mit ihm tauschen. Und er macht seine Sache gut – gerade weil er eine impulsive Neugier an den Tag legt, die Wissenschaftern sonst gemeinhin schlecht ansteht: obwohl doch erst sie einen neue Dinge entdecken läßt.

Am Nordrand des Erdi Ma ziehen wir in ein langes Tal hinunter, dessen Sohle voll weichem Sand ist, der nicht trägt. Der Filmerei wegen sucht sich Stefan jedoch ausgerechnet dort den Lagerplatz aus und bleibt auf dem Weg dahin ein halbes Dutzend Mal stecken; statt wieder umzukehren, wartet er aber bis auch wir unsere vier Wagen hin zu ihm geschaufelt haben, um am Ende ebenfalls bis zu den Achsen einzusinken. Gott weiß, was er sich dabei denkt, jedenfalls ärgert es mich genug, daß ich in der kurzen Dämmerung einen weiten Bogen weg vom Lager schlage.

In wenigen Spalten halten sich noch wilde Kapernbäume; ringsum sind die Spuren einer Schlange, die sich – nicht größer als eine Äskulapnatter – um einen Ast geschlungen hat; eine Fliege surrt um mein Handgelenk: das letzte Leben, das sich noch halten kann. Das Grau und Schwarz der Ebene wandelt sich hinter mir im Abendlicht zu braunem Ocker und Siena, aber ich gehe in die dunkelnde Leere, weiter. Niemand ist vor mir hier je gegangen, denke ich.

Dieses solitäre Gefühl stellt sich jedoch schon kurze Zeit später als illusorisch heraus: der Zeugenberg, auf den ich unwillkürlich zugehalten habe, ist voll menschlicher Spuren. Im Zwielicht sieht er sogar aus wie eins der Lager am Abu Ballas Trail, wie sie Kuper in der ägyptischen Wüste erforscht hat: da sind Feuerplätze und Steinsetzungen, Speicher und Tränken, vor allem aber die für Eselskarawanen typischen Spuren, die sich mancherorts selbst noch nach Jahrtausenden im Sand bewahren. Oben auf dem schmalen Tafelberg selbst, von dem sich der Blick weit auftut, sind Steinkreise und ein Windschutz, so als hätte es hier einen Ausguck gegeben.

Die Silhouette des Plateaus vor Augen ist da plötzlich wieder diese seltsam fiebrige Lebendigkeit: seltsam deshalb, weil mir die Weite um mich fremd bleibt, fern – das Zurückgehen in der Zeit jedoch, um in jemandes Fußstapfen zu treten, mir die Vorstellung von Zugehörigkeit schenkt: als könnte man als Mensch nur Menschlichem wirklich nahe sein.

Im Lager zurück – es wäre eine Sensation – empfängt man meine Entdeckung mit Skepsis. Zurecht, wie sich am nächsten Morgen herausstellt: daß ich auf die Fortsetzung des pharaonischen Handelswegs gestoßen bin, ist zwar nicht auszuschließen, aber die gerade verlaufenden und zwei Hände breiten Spuren können ebensogut auch von Antilopen stammen; die Steinsetzungen sehen ihrer Patina nach weitaus älter aus; und es gibt weder Scherben von Amphoren noch irgendwelche Hieroglyphen wie an den anderen Fundorten im Norden. Nicht zu leugnen ist aber, daß hier ein alter und großer paläolithischer Siedlungsplatz liegt.

Und wir entdecken noch weitere solche. Meistens ordnen sie sich um die Tafel eines Zeugenbergs; immer aber sind auf ihm oben die Steinklammer eines Windschutzes und zwei Steinkreise zu finden, die zu klein sind, als daß man in ihnen mehr als nur stehen oder hocken könnte. Auch Stefan hat keine Erklärung dafür, aber ihre exponierte Lage scheint eine Symbolik nahezulegen: Opferstellen vielleicht? Für Sonne und Mond, wie Herodot berichtet? Das einzige andere historische Zeugnis für so etwas stammt zwar aus dem ältesten Text überhaupt, der eine Wüstendurchquerung beschreibt, jedoch aus einer anderen Zeit und einer anderen Kultur. Als Gilgamesh und Enkidu zum Libanon ziehen, graben sie jeden Abend nach Wasser, um dann hoch zu einem Gipfel zu klettern, wo Gilgamesh Mehl als Opfergabe für den Berg verstreut, damit er ihm ein Omen zum Fortgang der Reise schickt. Der in dieser Wildnis geborene Enkidu heißt ihn dann einen bannenden Kreis auszulegen, sich darin zusammenzukauern, das Kinn auf den Knien und zu warten, bis ihn der Schlaf überkommt, während er sich selbst davor flach auf den Bauch legt; und jedesmal erwacht Gilgamesh, erschrocken und am ganzen Leib wie gelähmt, als wäre ein Gott an ihm vorübergegangen. Die Steinsetzungen so zu interpretieren, ist haltlose Spekulation – aber daran zeigt sich gerade, wie spekulativ all unsere Symbolismen sind, die das konkret Einfache dieser Landschaft zu abstrahieren bemüht sind, wie artifiziell jeder Versuch ist, Menschliches darin zu verorten.

Letztlich jedoch zeigt diese Episodik des Entdeckens (das hier immer nur ein zufälliges Finden zu sein scheint, nie ein erfolgreiches Suchen), daß es nur wenige identifizierbare Unterschiede gibt zwischen all den vorzivilisatorischen Lebensformen: zu ähnlich sind die Bedingungen für ein Überleben. Im Steinernen des Territoriums hat der Mensch sich den Stein zueigen und zunutze gemacht: mit ihm gejagt, sich in seine Höhlungen verkrochen, in ihn seine Bilder eingeritzt, ihn als Schutz gegen den Wind aus immer noch derselben Richtung aufgestellt. Was zählte, damals wie heute, ist einzig das Wasser.

Unter der Kante des Massivs stößt Stefan auf die Reste des wohl nördlichsten Sees in dieser Regenscheide, die die Erdis bilden; er hat im frühen Holozän (vor 11 000 bis 6 000 Jahren also) hier bestanden. Es ist eine gleißend weiße Pfanne: Seekreide, sagt er, die von Algen gebildet wurde, die das Grundwasser aufnehmen und Kalk ausschieden; es muß reines Süßwasser gewesen sein, gut durchlüftet und mindestens 10 Meter tief, sonst wären diese Algen abgestorben. Und die Temperatur am Grund durfte auch nicht höher als 10° gewesen sein – was nur überrascht, wenn man auf die Verdunstungskälte vergißt.

Während er mit seinem Geologenhammer den vom Wind zu Höckern und Buckeln ausgefrästen Seeboden abklopft, gehen wir die ehemaligen Ufer ab und sehen zwischen zahllosen Artefakten Reibschalen und Mahlsteine im Sand liegen;

sie sind klare Zeichen, daß der Mensch nun seßhaft zu werden beginnt, die Notwendigkeit zur Jagd langsam abgelöst wird durch die Domestikation des Rindes, gemahlenes Wildgetreide nun die Fleischdiät ergänzt und kultiviert zu werden beginnt. Im Vorland des Ennedi wuchsen diese Rispengräser noch zuhauf, konnte man die winzigen Ähren mit Fingern zerreiben: sie schmeckten süß.

Während Stefan Kröpelin seine geologische Karte anlegt und Frank Darius seine botanische Übersicht, um so historische und aktuelle Klimaveränderungen ablesen zu können, werden unsere tschadischen Begleiter unruhig: wir sind knapp an der libyschen Grenze. Die Willkür des Militärs ist auf beiden Seiten ebenso groß wie die abstrakte Beliebigkeit der Grenzlinie, deren Diagonale wir bis zu dem Punkt folgen, wo sie sich auf 19°30' Breite mit dem 24. Längengrad schneidet, der Grenze zum Sudan. So willkürlich waren diese 'Berliner' Grenzen, daß erst einmal eine französisch-englische Vermessungsexpedition losgeschickt werden mußte, um überhaupt zu erkennen, in welchem Terrain ihr 'Französisch-Äquatorialafrika' endete und wo der englische Sudan sowie das italienische Libyen begannen. Dieses Dreiländereck hatte Captain Carrier von der Mission Grossard 1922 mit einem Steinhaufen markiert und in einer leeren Konservenbüchse ein zweiseitiges handschriftliches Zeugnis hinterlassen.

Dem Satellitennavigationsgerät folgend erreichen wir diesen Punkt, der nur die völlige Absurdität der Grenzziehungen zeigt: mitten auf der sich ringsum flach bis an den Horizont erstreckenden Ebene drittelt er vollkommene Leere. Vereinzelte Gesteinsbrocken liegen verstreut auf der monotonen Fläche, ein aufgeschichtetes Steinmännchen aber ist nirgendwo zu erkennen; also suchen wir sie mit unseren fünf Wagen in immer größer werdenden Spiralen ab: der Punkt wurde damals nur mit ungenauen Instrumenten bestimmt und kann deshalb durchaus zwanzig Kilometer weit weg sein – irgendwo innerhalb eines 4000 km^2 großen Kreises. Die eigentliche Differenz der Position besteht jedoch in etwas anderem: sie demonstriert, daß ein Zeitalter der Exploration unwiderruflich zu Ende gegangen ist, welches von solitärer Anstrengung gekennzeichnet wurde und dem, was man auf Englisch *dead reckoning* nennt: womit nicht nur das Navigieren mittels Sonne und Sternen, Kompaß, Sextant und Chronometer oder der geschätzten zurücklegten Wegsstrecke gemeint war, sondern auch der am Ende lauernde Tod.

Doch wer so wie wir einen Zielpunkt auf den Zentimeter bestimmen kann, ist einem automatisierten Leitsystem gefolgt, das keinerlei blinde Punkte mehr kennt und keine Irrfahrten. Es ist eine vollkommen andere Welterfahrung, in der das Unbestimmbare ebensowenig noch einen Ort hat wie das Unerreichbare – ein Knopfdruck genügt und wir stehen per Satellitenhandy mit dem Rest der Welt auch in Verbindung. Was dabei verloren geht, ist das Maß des unmittelbar Menschlichen – das wird nirgendwo einsichtiger als auf dieser Suche nach ihren alten Koordinaten. So läßt es sich zumindest formulieren, um einen Zettel in eine leere Bushmills-Flasche zu stecken und über dem von uns auf Gradsekunden exakt vermessenen Punkt selbst ein Steinmännchen aufzuschichten, das erst jetzt das Dreiländereck markiert – und sich aus kaum hundert Metern ebenfalls nicht mehr aus diesem Nichts abhebt.

Wir kampieren irgendwo in dieser konturlosen Weite – dem Endzustand jeder Wüste, sobald die letzte Felsrippe auf ihr verwittert und der Sand verweht ist. Die Leere ist auch deshalb so eindrücklich, weil sie auch das Finale jedwedes Planeten bildet, dessen Temperatur nur den Siedepunkt des Wassers zu erreichen braucht, um derart leblos zu werden, tot.

In der mondlosen Nacht, wo wir Meteore so hell niedergehen sehen, daß sie in einer stummen Explosion verglühen, treten die Sterne umso härter hervor; es ist, als sähe man den Himmel zum ersten Mal in all seiner Fremdheit: statt Orion und dem Großen Wagen stehen Schwan und Leier über uns im Zenith, statt den Pleiaden der Sternhaufen des Delphins.

Ich bin schlaflos und gehe nur ein paar Schritte weit vom Lager weg, wie mir scheint, ein paar Minuten bloß; aber in dieser Nachtschwärze finde ich dann nicht mehr zum Zelt zurück: erst in der Dämmerung merke ich, daß ich wieder und wieder am Lager vorbeigelaufen bin.

Am Rückweg halten wir uns am Ostrand des Massivs. Auf der Suche nach einer Abfahrt vom Plateau stoßen wir am Oberlauf eines Tals, das sich nach und nach tiefer einschneidet, auf ein weiteres ausgetrocknetes Guelta, das voller Felszeichnungen ist. Neben Giraffen und Pavianen sind auch Darstellungen von großen Oryxantilopen in die Felswände eingeritzt, so plakativ sichtbar, als könnten sie die Tiere an den Ort locken, als wären sie nur versprengte Tiere, denen eine Herde nachfolgen würde.

Auf der gegenüberliegenden Seite befindet sich ein über hundert Meter langer Fangzaun aus aufgekippten Steinplatten, dem entlang – ähnlich wie es die kanadischen Indianer mit ihren Bisons getan haben – die Jäger der Steinzeit Antilopen bis zur senkrecht abfallenden Klippe getrieben haben könnten, um sie in den Talkessel stürzen zu lassen. Darunter hat sich ein großer Schutthaufen aufgebaut, während im Schatten aus einer Felsspalte saftiges Grün wächst – das Laub eines wilden Feigenbaums, lang wie ein Wasserfall.

Zurück in der Mourdi-Senke taucht am Rande des Dünenfelds wie eine Luftspiegelung vor uns Agoza auf: ein Fort der Fremdenlegion, der letzte Außenposten der Franzosen. Seine Lage verdankt er dem einzigen Brunnen weitum, seine Existenz jedoch Mussolini, der die vom Lineal gezogene Südgrenze seines Tripolitanien auf die Linie von der Kante der Erdis bis Aouzou verlegen wollte, die eher der natürlichen Topographie folgt. Der Generalstab der Franzosen reagierte schnell und ließ deshalb noch während der Verhandlungen in Rom hier diesen Grenzposten samt Landepiste errichten.

Im gelben Sand stehen wir zuerst vor einem zerbröckelnden Mauerkreuz aus Lehmziegeln, das den Eindruck des Kulissenhaften noch verstärkt: wie übrig geblieben vom Drehort eines der Fremdenlegionärsfilme aus den dreißiger Jahren. Als Windschutz für die Doppeldecker gedacht, mit denen der Posten allein erreichbar war, erstreckte sich davor eine befestigte Landepiste; sie ist längst vom Sand zugedeckt und von den damals aufgestellten Windfahnen ist ebenfalls nichts mehr zu sehen.

Ein Stück weiter, halb verfallen inmitten der Talha-Akazien ragt die Festung mit ihren Zinnen hervor: zwei kleine Zimmer für den Offizier im Inneren der Reduit, ein umlaufender Gang mit Schießscharten – 'Veranda' genannt; das ganze flankiert von zwei winzigen Häuschen außen, um das Dutzend Meharisten der 8. Schützenkompanie, Gruppe Ennedi, stationieren zu können, während die Goran der Hilfsmannschaft im Freien kampierte; vom Brunnen bleibt nur ein mit Sand gefülltes Becken.

Dem detaillierten Alarmplan vom August 1934 zufolge, den ich später im Heeresmuseum in Paris ausgrabe, wurden zwei einheimische Wachposten auf der Klippe des Erdi Ma postiert, dort, wo die Karawanen im Winter manchmal in die Senke abstiegen. Was man erwartete, waren italienische Soldaten aus Kufra oder wohl eher eine Bande Tubus als Vorhut. Es mußten eintönige Tage des Wartens gewesen sein, in lähmender Hitze, ein endloses Jahr lang: der letzte militärische Außenposten der Zivilisation vor dem Nichts.

Danach zog man die Truppe wieder ab; 1935 noch schwemmte einer der seltenen Regenfälle die Quartiere halb wieder in den Boden. Flugzeuge landeten hier ebenfalls nie; selbst im Krieg lag das Fort zu weit ab, um von strategischer Bedeutung zu sein.

Seinem Namen aber hat es Ehre gemacht – Agoza, das war das von den Goran verballhornte Arabisch für *qos*: die Bezeichnung eines verlorenen Punktes inmitten einer Wüstenfläche. Oder aber für *qas(r)*: das ins Arabische eingegangene lateinische 'Kastell' als Synonym für jedwede Art der Kolonialisierung. Beides aber steht hier für ein und dasselbe.

Beim ersten Lager im Ennedi dann aber sind Vögel so hell und laut zu hören, daß sie beinahe unwirklich scheinen; das Tal steht voller Akazien, aus denen Schmetterlingsschwärme weiß aufstieben; Gräser stehen dicht und hoch bis zum Kühler, an einigen Stellen wächst bereits Schilf. Daß der Mensch hier seßhaft werden konnte, zeigt sich aber an riesigen Gräberfeldern mit Hunderten von Steinhaufen (die unsere tschadischen Begleiter für Waffenlager halten): der Sinn von Grabstätten war auch, Zeichen zu setzen, daß das Territorium nun besetzt ist, seit Generationen schon, um es den Nomaden abzuringen.

Damit aber kehren wir gleichsam in die Geschichtsschreibung zurück: schon Herodot berichtet von Hockergräbern, *in denen die Toten im Sitzen begraben wurden, wobei man die Sterbenden aufrichtete, damit sie nicht im Liegen sterben wie bei den Nomaden.*

Und wenn er weiter schreibt, daß es auch Stämme gibt, *die ihre Häuser aus Stengeln und Binsenflechtwerk herstellen und sie tragbar sind*, dann finden wir genau dies am nächsten Tag auch abgebildet, illustriert auf einer Felsnadel, in einem frühzeitlichen Comicstrip, der eine Familie ihre Hütte auf ein Packtier laden zeigt.

Das Ennedi selbst ist ein weiteres, von Strömen abgelagertes Massiv, die sich einmal ins Binnenland ergossen wie ein riesiges Okawango-Delta. Der Sandstein aber ist jetzt zu einem brennend roten Irrgarten von Felsnadeln und Spitzen erodiert, die wie schorfige Skulpturen aufragen: Schachfiguren des Windes auf einem labyrinthischen Brett. Wir kommen kaum voran, wollen es eigentlich auch nicht: es ist eine der schönsten Landschaften der Erde.

Schließlich aber geraten wir wieder auf eine Lastwagenpiste, dieselbe, die wir schon einmal gekreuzt haben, und treffen schließlich auf einen überladenen Lkw aus Kufra, dem wir Diesel abkaufen. Er transportiert das, weswegen alle Kamelkarawanen erst losgeschickt werden: mit dem Erlös hat er Tonnen von Zucker gekauft, deutschem Zucker, der über Alexandria und Dubai nach Libyen gelangt ist und jetzt in einem tschadisch-sudanesischen Grenzort weitergehandelt wird. Der Fahrer ist Libyer, der Besitzer des Lastwagens Sudanese, seine oben auf dem alten Mercedes sitzenden Passagiere sind Tschader: wo die Religion Alkohol verbietet, ist der Zucker auch deshalb so begehrt, weil jede Familie ihn täglich kiloweise verbraucht. So im Übermaß genossen, ist er nichts als eine Sucht – zugleich aber auch ein Symptom dessen, was Zivilisation bedeutet. Denn auch das, worauf wir uns bei der Rückkehr nach N'Djamena freuen, sind wenn, dann auch nur Drogen: ein kaltes Bier; endlich wieder eine Zigarette.

Die Vorfallslosigkeit der Reise hat uns ein Gefühl von Sicherheit gegeben, das täuscht. In Kalait treffen wir auf ein Minenräumkommando, das hier ist, weil auf der Piste, der wir gefolgt sind, ein Lastwagen gerade auf eine Mine fuhr und ausbrannte.

Zurück in N'Djamena merken wir dann, daß die Atmosphäre sich noch weiter angespannt hat: die Wachtürme der französischen Kaserne sind nun besetzt, das Glacis geräumt. Der Präsident hat die 7000 Mann seiner Leibgarde entlassen, weil sie sich geweigert hat, auf die Aufständischen zu schießen, erzählt ein Offizier, den wir in der französischen Konditorei treffen, wo er herumsteht, um Croissants und Kuchen für seine Kompanie auszusuchen. Inzwischen gibt es aber auch einen Regierungsbeschluß, demzufolge Paris sein Truppenkontingent aus dem Tschad abziehen wird; und es heißt zugleich, daß die Amerikaner nun ihre Rolle übernehmen werden. Den Mädchen im *Carnivore,* im *Feeling* und im *Nr. 1* ist das egal; sie begrüßen auch uns wie lang vermißte Bekannte.

Was wir vermißten, war wenig genug: eine Dusche, eine Rasur, ein verzichtbarer Luxus letztlich beim Gedanken an eine leere Welt, das Licht darin, die Weite, mit der man zurückschauen konnte auf die eigenen Spuren und Zeugen einer Zeit, für die wir nicht zählen, nie gezählt haben.

III

Die Opfer bei den Nomaden sind diese: als Erstlingsgabe schneiden sie dem Opfertier ein Stück vom Ohr ab und werfen es über ihre Hütten; erst nachdem sie das getan haben, drehen sie ihm den Hals um. Die Tiere, die es bei ihnen dabei gibt, sind Weißsteiße, Gazellen, Antilopen, Esel – nicht jene, die Hörner tragen, sondern andere, die keinen Durst haben, weil sie wirklich nichts trinken – sowie die Oryen, deren Hörner zu den Armen der Leier verwendet werden. Opfern tun sie dabei bloß der Sonne und dem Mond – Herodot

Hassaneins Expedition von 1923

Ahmed Pascha Hassanein (1889–1946): Sein Großvater war der letzte Admiral der ägyptischen Flotte gewesen, bevor sie von den britischen Besatzern, nicht lange vor Hassaneins Geburt, aufgelöst wurde. Nachdem er in Oxford studiert und im Ersten Weltkrieg dem Britischen Commanding Officer in Kairo als 'Arab Secretary' gedient hatte, mit mehreren Orden ausgezeichnet zum Sekretär der ägyptischen Legation in Washington ernannt worden war und sein Land 1920 als Fechter bei den Olympischen Spielen vertreten hatte, unternahm er 1921 zusammen mit der als Mann verkleideten Rosita Forbes eine erste Expedition nach Kufra – die er 1923 fortsetzte, um den damals völlig unbekannten Südwesten seines Landes zu erkunden. Im Jahr darauf nahm er erneut an den Olympischen Spielen teil, wurde dann zum Berater König Fuads I. bestellt und war bis zu seinem Tod einer der einflußreichsten Männer der erneut selbständig gewordenen Nation.

MAP OF THE LIBYAN DESERT

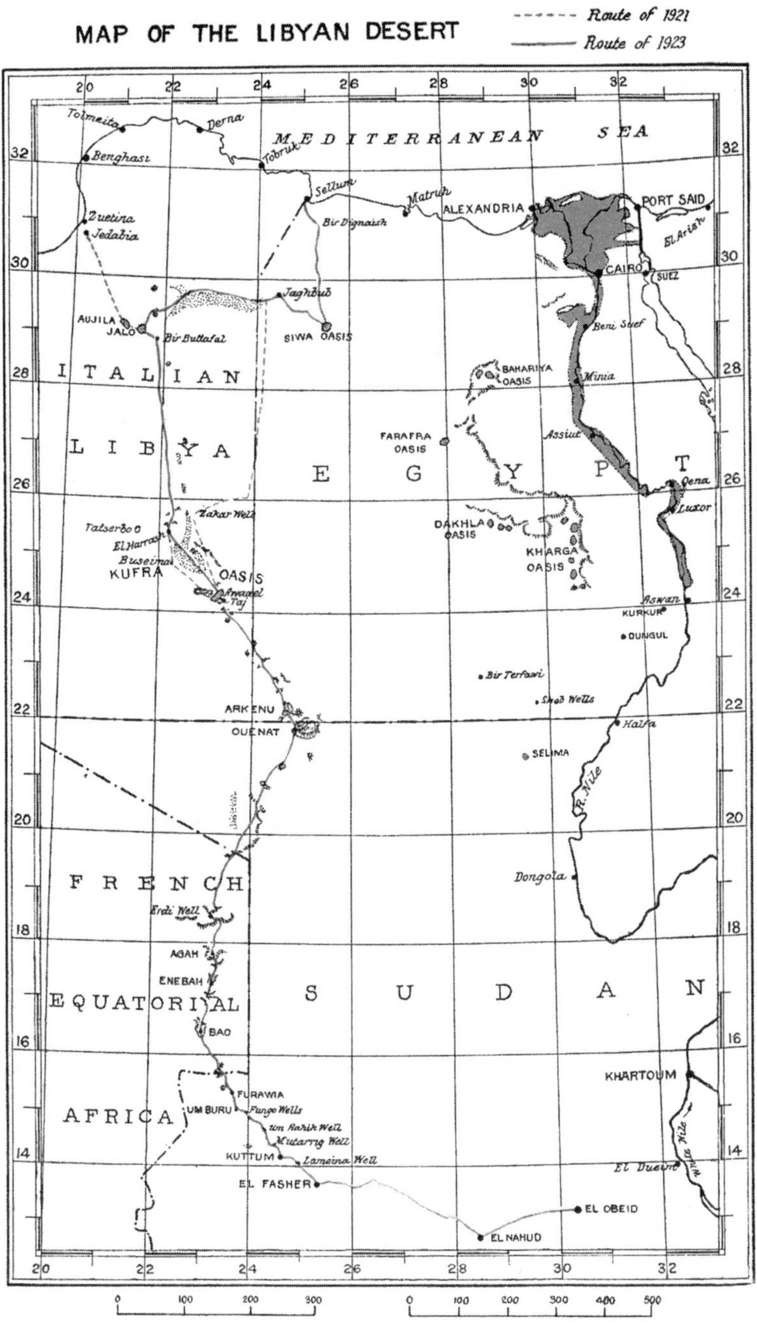

Auf seiner Expedition 1923 – der bis zu uns einzigen, die das Sammeln wissenschaftlicher Daten über diese Region zum Ziel hatte – streifte seine Karawane nach einem Gewaltmarsch schließlich den Südwesten des Erdi Ma: ohne jedoch viel über die Leere dieser Region zu berichten. Hassaneins Foto zeigt das Lager, das seine knapp dem Verdursten entronnenen Männer in jenem Tal aufschlugen, wo sein Führer von einer Wasserstelle wußte. Unser Foto zeigt das halb im Schatten liegende, zweieinhalb Meter tiefe Becken, wie es heute ist: seit Jahrzehnten vertrocknet.

Figuren von Zeit

83 Jahre nach Hassaneins Expedition zeigt die Karte im Nordosten des Tschad immer noch weiße Flecken.

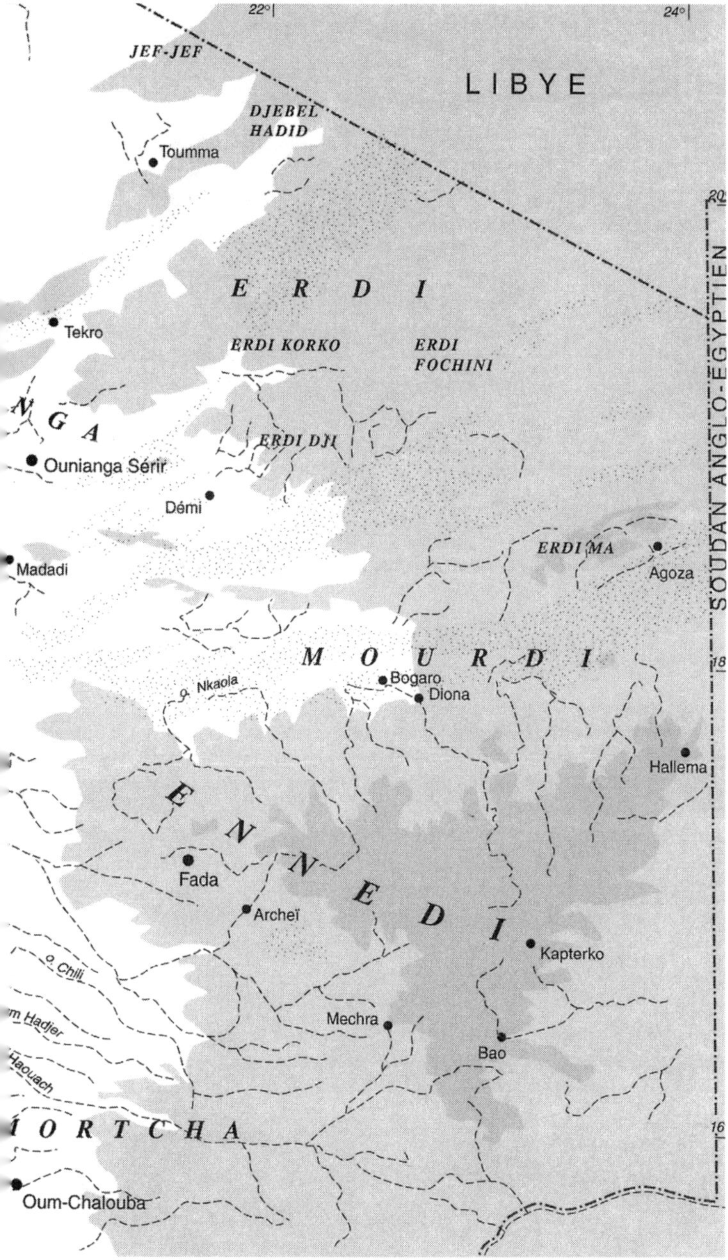
22°
24°
JEF-JEF
LIBYE
DJEBEL HADID
Toumma
E R D I
Tekro
ERDI KORKO
ERDI FOCHINI
SOUDAN ANGLO-EGYPTIEN
GA
ERDI DJI
Ounianga Sérir
Démi
ERDI MA
Agoza
Madadi
M O U R D I
o. Nkaola
Bogaro
Diona
18
Hallema
E N N E D I
Fada
Archeï
Kapterko
o. Chili
Hadjer
Haouach
Mechra
Bao
O R T C H A
16
Oum-Chalouba

FINE
FINE
LONDON • PARIS

Drei Aufnahmen, die Hans Jakobi vom Seitenfenster aus geschossen hat: ein Stück Straße in N'Djamena, ein Straßenrand in Abeché und – nur wenige Kilometer vor der Oase Fada – von der Pistenspur aus der Blick auf entminte Panzer.
Beim näheren Hinsehen erkennt man, daß es sich bei dem Stand unter dem Sonnenschirm um eine Tankstelle handelt, die flaschenweise Benzin verkauft – das den libyschen Streikräften im Aouzou-Krieg ausging, sodaß sie auf der Flucht ihre Panzer stehen lassen mußten: nicht jedoch, ohne ringsherum alles zu verminen.

Der Südrand des Ennedi und das
Guelta von Archeï, wo man die
Kamele tränkte: ihr Brüllen hallte zu
uns herauf, so roh und kehlig wie das
Stöhnen aller jemals für alle Ewigkeit
verdammten Seelen …

Der Wind ist es, der die Zeit sichtbar macht, indem er den Sandstein zu Formen aus- und abschleift, die das Figurative allen Lebens gleichsam nachahmen.

Das Hochplateau des Erdi Ma, wie wir es beim Aufstieg erreichten; das Tal, in dem Hassanein gelagert hatte im Hintergrund. Und dann, wie Stefan Kröpelin und ich auf der Rückfahrt eine Abfahrtsmöglichkeit für die Autos suchten, die wir uns mit Felsbrocken erst bauen mußten; Agoza irgendwo hinter dem allerletzten Zeugenberg am Horizont.

Am Nordrand des Erdi Ma die Kreideablagerungen eines Sees. Der Wasserspiegel inzwischen jedoch unerreichbar tief abgesunken, zeigt Leben sich nur noch in Spuren: dem verschliffenen *S* fingerdünner Schlangen im Sand, manchmal das *Y* von Vogelkrallen. Nur über einzelnen Wassertaschen im Gestein überdauern noch Reste einer Flora: wie der wilde Kapernbaum hier; seine Beeren schmeckten wie bittere Trauben.

Wie zum Hohn täuscht der Wind dennoch die Formen des Wassers im Sand vor, sein Kräuseln, Rippeln und Wellen – um andernorts in Senken trügerische Ebenen von feinstem Staub festzuwehen, die wie stille, vollkommen glatte Wasserflächen scheinen, bis sie unter den Reifen einbrechen dann.

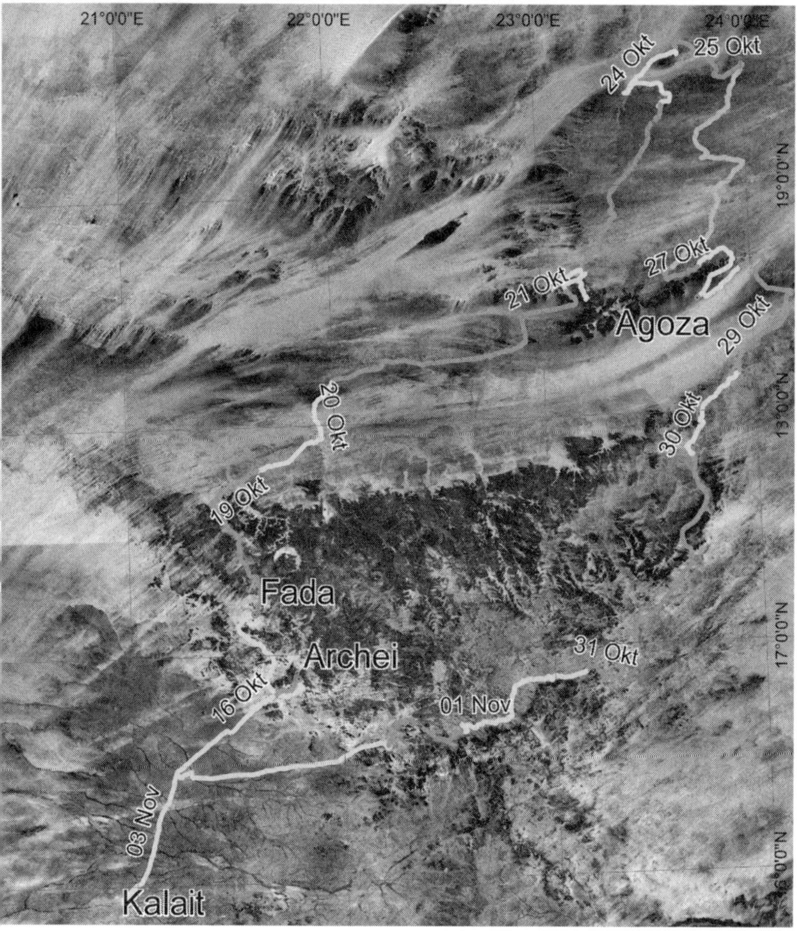
21°0'0"E
22°0'0"E
23°0'0"E
24°0'0"E
24 Okt
25 Okt
19°0'0"N
27 Okt
21 Okt
Agoza
29 Okt
20 Okt
30 Okt
19 Okt
Fada
17°0'0"N
31 Okt
Archei
16 Okt
01 Nov
03 Nov
Kalait

Eine kurze, sehr kurze Geschichte der Menschheit

An einem einzelnen, markant über der Mourdi-Senke aufragenden Zeugenberg stieß ich beim Gehen auf diese Gravuren auf einer Felswand draußen, zwischen zwei Höhlungen, die einmal bewohnt gewesen waren. Abgebildet darauf waren nicht nur Giraffen und Antilopen, gleichsam als Invokation jenes Lebens, dessen Wanderbewegungen sich die altsteinzeitlichen Jäger von dieser Warte aus oft genug herbeigewünscht haben mochten; dazwischen waren auch diese vulvenartigen Vertiefungen im Stein, lehmig verklebt, als wäre darin etwas als Votivgabe verschlossen worden.

Am südlichen Plateaurand des Erdi Ma, wo sich das Tal hinunter nach Agoza in Stufen einzuschneiden beginnt, stießen wir auf diesen fast einen Kilometer langen Fangzaun: senkrecht aufgestellte Sandsteinplatten, mittels derer eine Herde – auf der anderen Seite durch den Oberlauf des Tals begrenzt – zum Steilabbruch einer Felskante getrieben

wurde, um sie dann in die Tiefe zu stürzen: in etwa dort, wo der verdorrte Baum zu erkennen ist. Das Beutewild selbst fand sich auf der Felswand gegenüber des Abbruchs eingeritzt: Thompsongazellen

und Oryxantilopen vielleicht; und auch die Reste eines ehemaligen Jägerlagers – die Steine, mit denen sie die Fellhäute ihrer Hütten ringsum am Boden beschwerten – fanden sich ein Stück weiter auf der Ebene.

Reibesteine an einem Fels und Schalen auf einer Siedeldüne, auf der jahrhundertelang Menschen lebten, zu einer Zeit, als alles noch mit Gräsern bewachsen war. Diese 'schlafenden Mühlen', wie sie die Franzosen nennen, lagen dort zusammen mit anderen, im Sand schlafenden menschlichen Zeugnissen: Urnen, Perlen, Beilen, Faustkeilen und diesem gebrannten Tontopf – neolithische Artefakte und Symbole dessen, daß die erste Keramik ebenso wie die ersten Getreide nicht im Vorderen Orient, sondern weiter früher noch in der Sahara zu finden sind.

Das war der Zeugenberg im Norden des Erdi Ma, auf dem – wie beinahe auf jedem anderen Hügel auch – zwei ganz schmale Steinkreise und eine Steinklammer gegen den Wind lagen, dem schwarzen Wüstenlack und der Abwitterung nach uralt. Um ihn herum verstreut fanden sich ein Dutzend weit größerer Steinkreise, wie für ein Lager; dazwischen viereckige Steinsetzungen, als hätte man darin Felle als Tränken auslegt; sowie zahllose Spurläufe, die für mein ungeschultes Auge auf den ersten Blick jenen der fünftausend Jahre alten pharaonischen Eselskarawanen glichen: so wenig ist es letztlich, woran sich die Spuren menschlicher Anwesenheit von der Wüste unterscheiden.

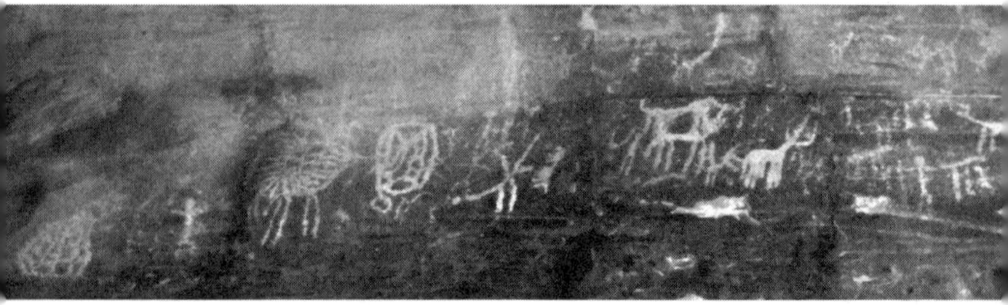

Wo die Sandsteinskulpturen des Ennedi wieder aus der Ebene stiegen, fand sich auf einer frei stehenden Felsnadel dieser Bildstreifen eingeritzt, eine Erzählung, älter als jede Schrift, ihre Fabel dennoch erahnbar: ein schwer bepacktes Tragtier, eine Hütte, eine Familie, die weiterzieht, einer von ihnen dann, ein Kind vielleicht, das von einem Skorpion gestochen wird und stirbt, hier – wie um davor zu warnen, war der Fels ja auch an anderen Stellen mit einem Skorpion markiert. Oder sind die Bilder verkehrt herum zu lesen? Sind sie die Zeichen, die jemand von sich hinterläßt, der ins Unbekannte zieht? Beidesmal jedoch

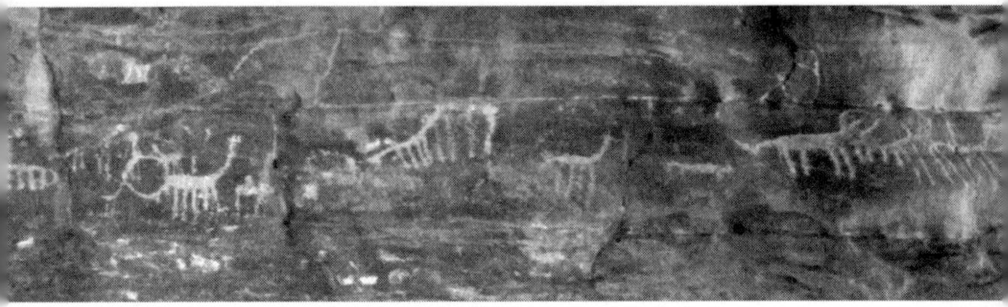

erzählen die halb vom Wind wieder abgeschliffenen Figuren das ewig gleiche: daß jede Geschichte nichts anderes ist als eine Spur im Sand und Geröll; und selbst sie wieder zu Staub zerfällt.

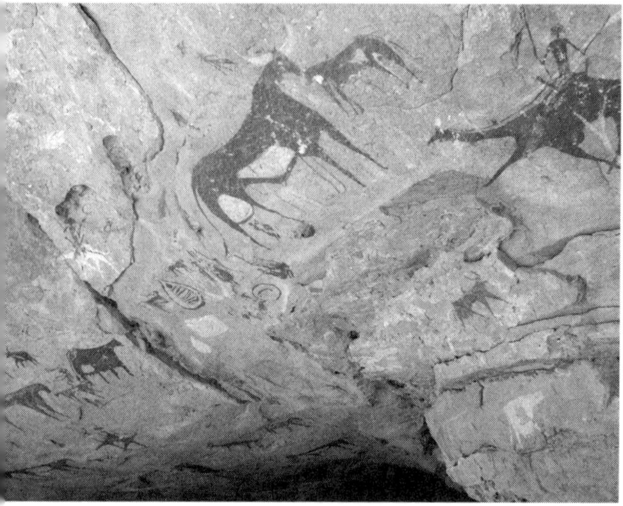

Östlich des Archeï-Gueltas stießen wir auf diesen Felsüberhang, der schon vor Jahrtausenden bewohnt wurde – und es auch jetzt noch war, wie es die in einer Nische sorgfältig verstauten Körbe, Kamelgeschirre und Seile verrieten. Am roten Ocker dieser wunderbar grazilen Malereien ablesen läßt sich dabei auch der Übergang in die Neuzeit: das Kamel ist erst ein paar Jahrhunderte v.u.Z. in Afrika heimisch geworden.

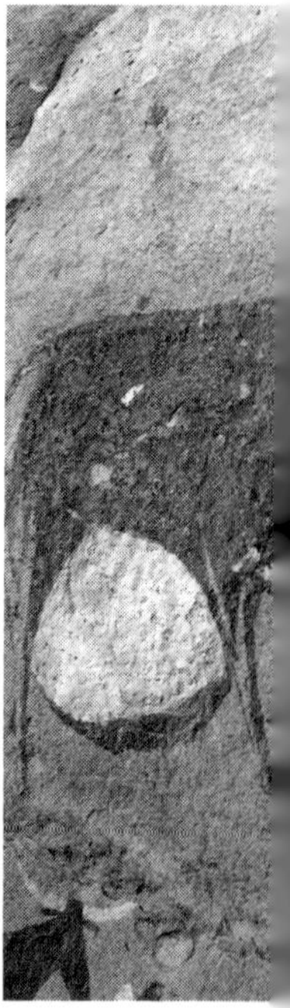

Den fließenden Übergang von der Vergangenheit in die Gegenwart – nein: eher die in der Wüste fast still stehende Zeit – zeigen auch die Hütten: die eine, aus noch grünen Zweigen errichtet, ist in ihrer Form ebenso steinzeitlich wie jene, von der nur mehr die Pflöcke stehen, samt einer Reibschale beim Eingang.

Der Grenzpunkt
24° Ost / 19°30' Nord

Das am 30.12.1937 von dem französischen Leutnant Garbit geschossene Foto zeigt jenes Steinmännchen, das damals das Dreiländereck zwischen Frankreich, England und Italien markierte. Errichtet worden war es 1922 vom englischen Captain Carrier, der die Aufgabe hatte, den Grenzverlauf zu vermessen, und darin zwei, mit Bleistift beschriebene Seiten in einer leeren Konservendose hinterließ. Auf dieses Blatt setzte Bagnold 1932 ein paar Zeilen hinzu, 1935 dann ein französischer Meharist, der in Agoza stationiert war, und schließlich Garbit, kurz bevor dieses Fort wieder aufgeben wurde.
Ich hätte gerne gewußt, was auf ihnen gestanden haben mag – und wußte doch, daß es unerheblich war, weil jedes Wort nicht mehr sein konnte als eine Behauptung: Zeugnis eines momentanen Daseins inmitten einer Leere von Zeit. Und einer Leere des Raums –

denn trotz langen Suchens fanden wir diesen Alam nicht wieder. Einen neuen, auf dem von Satelliten genau vermeßbaren Punkt aufzustellen, geschah aus dem gleichen Drang: um ein Zeichen von sich zu setzen.
Der Blick zurück auf diese formlos flache Ebene aber führte schon nach wenigen hundert Metern die Vergeblichkeit vor Augen, etwas von sich hinterlassen zu können: eine Wüste nämlich, in der einen Ort zu markieren eitel bleibt; eine Öde, in deren Indifferenz sich alles wieder verliert; eine Fünfte Welt, in der jede Mitte illusorisch ist. Das Steinmännchen, das nun die Grenze zwischen dem Sudan, Libyen und dem Tschad markiert, unterschied sich durch nichts mehr von anderen verstreuten Gesteinsbrocken.

AGOZA

Und dann tauchten die Reste dieses Postens vor uns auf: ein zerfallenes Windkreuz erst, das wie der Versuch schien, in dieser Leere das Kreuz einer Ortsmarkierung aufzumauern; dann die Zinnen des Forts mit dem längst versandeten *puits permanent*.
Wie die Anlage eigentlich einmal gedacht war, sah ich erst später, zurück in Paris, im Militärarchiv. Und es gewann eine ganz eigene Symbolik zu sehen, wie man sich den letzten Außenposten Europas vorzustellen hat, seinen militärischen Erfordernissen gemäß: Fenster, exakt alle 1.5 m plaziert; Schießscharten in einem Abstand von 0.75 m; eine kilometerlange Landepiste. Doch von den beiden *demi-lunes*, in denen je drei Schützen postiert werden sollten, war nichts mehr zu erkennen gewesen; stehen geblieben dagegen waren die zwei Häuschen für die Küche und die Wache.

Der im Plan als 'Veranda' betitelte umlaufende Gang war ebenso mannshoh im Sand begraben wie das als Reduit geplante Zimmer für den Offizier, in dem nur ein Bett und einen Funkapparat Platz gefunden hatten. Von ihm als Mittelpunkt waren die Sichtlinien und Distanzen genau vermessen worden und die Stellen verzeichnet, wo ein Angriff zu erwarten war, *en cas d'arrivée d'elements ennemis*. Und es war auch noch ein schwacher Durchschlag des Alarmplans erhalten, indem die täglich zu verrichtenden Arbeitsdienste eingetragen waren: Holz holen, Wasser schöpfen, die Esel und das Offizierspferd weiden.

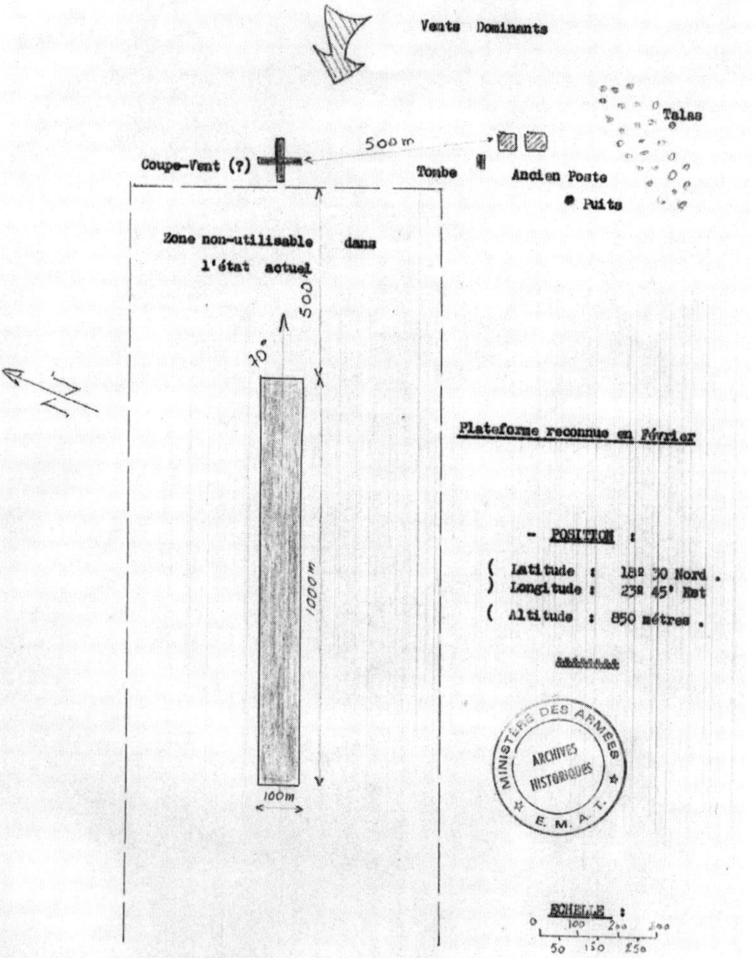

CROQUIS DE POSITION DE LA PLATEFORME D'ATTERRISSAGE D'AGOZA .

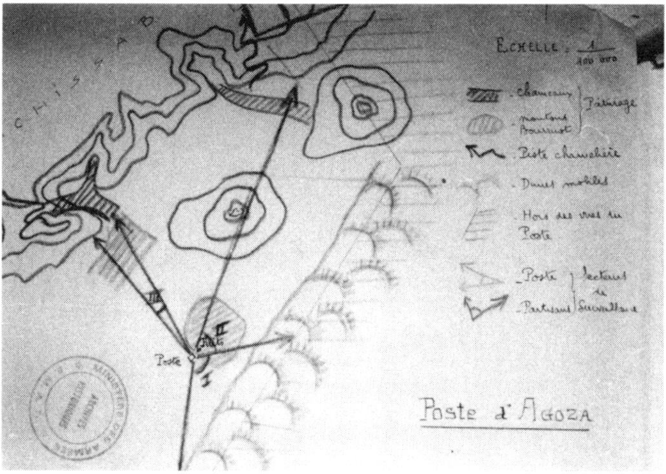

ECHELLE : 1/400 000
Piste chamelière
Dunes mobiles
Poste
Poste
Poste d'AGOZA

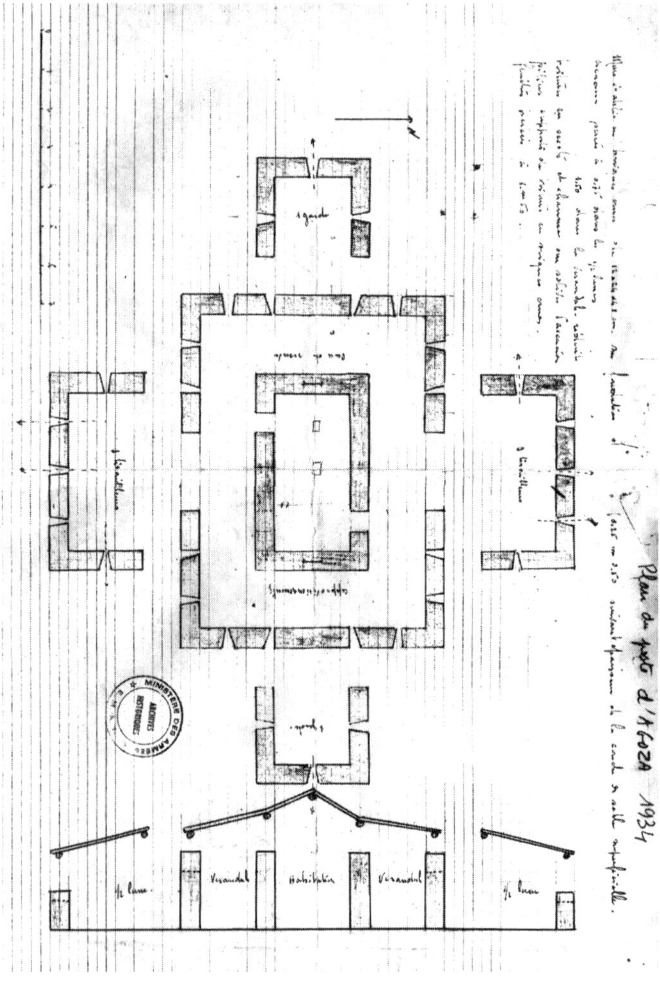

Das war der Grundriß einer Vorstellung von Zivilisation im Nichts, unterzeichnet Agoza, 10. August 1934. Der Feind jedoch kam

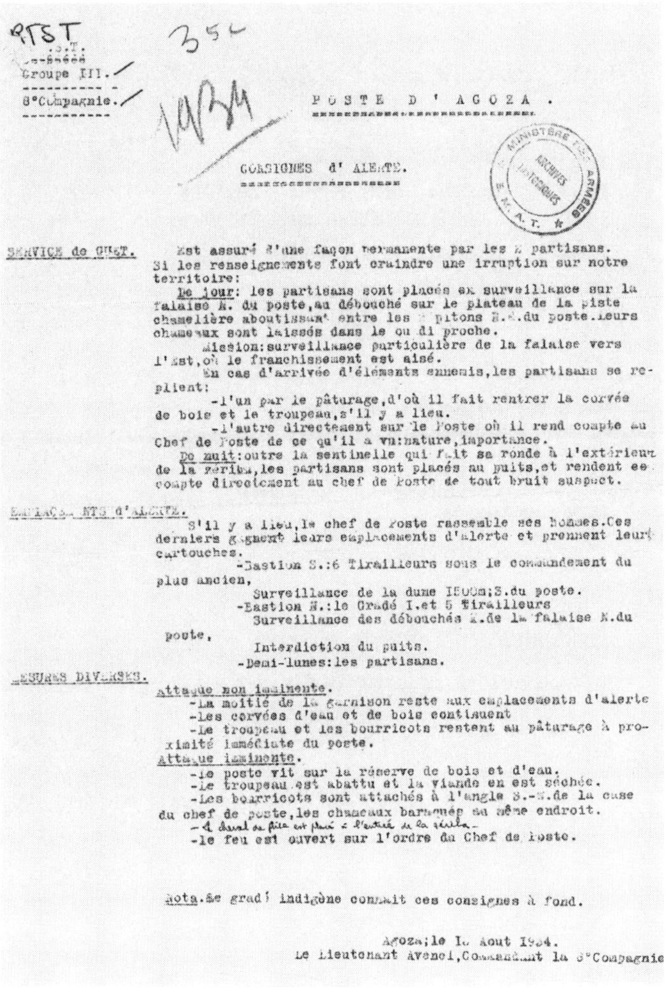

RTST 354

.S.T.

Groupe III.

8°Compagnie.

POSTE D'AGOZA.

CONSIGNES d'ALERTE.

SERVICE de GUET. Est assuré d'une façon permanente par les 2 partisans.
Si les renseignements font craindre une irruption sur notre territoire:
De jour: les partisans sont placés en surveillance sur la falaise N. du poste, au débouché sur le plateau de la piste chamelière aboutissant entre les 2 pitons N.E. du poste. Leurs chameaux sont laissés dans le oudi proche.
Mission: surveillance particulière de la falaise vers l'Est, où le franchissement est aisé.
En cas d'arrivée d'éléments ennemis, les partisans se replient:
-l'un par le pâturage, d'où il fait rentrer la corvée de bois et le troupeau, s'il y a lieu.
-l'autre directement sur le Poste où il rend compte au Chef de Poste de ce qu'il a vu: nature, importance.
De nuit: outre la sentinelle qui fait sa ronde à l'extérieur de la zériba, les partisans sont placés au puits, et rendent compte directement au chef de Poste de tout bruit suspect.

EMPLACEMENTS d'ALERTE. S'il y a lieu, le chef de Poste rassemble ses hommes. Ces derniers gagnent leurs emplacements d'alerte et prennent leurs cartouches.
-Bastion S.: 6 Tirailleurs sous le commandement du plus ancien,
Surveillance de la dune 1500m; S. du poste.
-Bastion N.: le Gradé I. et 5 Tirailleurs
Surveillance des débouchés N. de la falaise N. du poste,
Interdiction du puits.
-Demi-lunes: les partisans.

MESURES DIVERSES. Attaque non imminente.
-La moitié de la garnison reste aux emplacements d'alerte
-Les corvées d'eau et de bois continuent
-Le troupeau et les bourricots restent au pâturage à proximité immédiate du poste.
Attaque imminente.
-le poste vit sur la réserve de bois et d'eau.
-le troupeau est abattu et la viande en est séchée.
-Les bourricots sont attachés à l'angle S.-W. de la case du chef de poste, les chameaux baraqués au même endroit.
-le cheval de frise est placé à l'entrée de la zériba-
-le feu est ouvert sur l'ordre du Chef de Poste.

Nota. Le gradé indigène connait ces consignes à fond.

Agoza; le 1. Aout 1934.
Le Lieutenant Avenel, Commandant la 8°Compagnie

nicht; dennoch war er da: das Land, der Wind und der Sand, in all ihrer unmenschlichen Schönheit.

-ooOoo- FICHE DE PLATEFORME D'ATTERRISSAGE EN CAMPAGNE -ooOoo-

REFERENCE : Transmission n° 945 /72°RIMa./S0 endate du 25 Octobre 60.

- DESIGNATION GEOGRAPHIQUE : A G O Z A.

- POSITION : LATITUDE : 18° 30 Nord LONGITUDE : 23° 45 Est
  ALTITUDE estimée : 850 métres.

- ORIENTATION MAGNETIQUE DE LA BANDE : 70°

- DIMENSIONS DE LA BANDE : 1.000 métres X 100 M.
  Bonnes possibilités d'allongement, aussi bien vers l'Est que vers l'Ouest, sous réserve de travaux.

- NATURE DU SOL : Vaste reg de sable dur et compact - Banco.

- SITUATION : Large couloir séparant la Chaine de dunes de la Depression du MOURDI au Sud et les falaises abruptes du Plateau de l'ERDI MA au Nord.

- DEGAGEMENTS : Excellents en toutes directions.

- PENTE : Négligeable.

- TRAVAUX NECESSAIRES AVANT L'EMPLOI : Peu importants. Se limitent au balisage et au déblaiement de la bande (pierres, mottes de terre, ...).

- PRATICABILITE : En toute saison, sans aucune restriction.

- POINTS DE REPERES CARACTERISTIQUES : (Direction et Distance À partir de la plateforme) :

  - Hautes falaises de l'ERDI MA au Nord (environ 8 Kms)
  - Chaines de Dunes du MOURDI au Sud (environ 2,5 Kms)
  - Ancien Poste d'AGOZA avec une cinquantaine de talas, au Sud-Est (à 600 métres).

  L'ancien poste d'AGOZA (en ruines) et son bouquet de Talas, situé au pied du cordon de dunes, sont particulièrement caractéristique sur ce vaste reg nu et sans aucune végétation arbustive.

.../...

- METEOROLOGIE : - Saison sèche } Sans objet. Les pluies sont extrêmement rares et peu importantes. Il n'a pas plu sur AGOZA depuis 1957.
  - Saison humide
  - Vents dominants : De secteur Est. Violents vents de sable en hiver.

- RESSOURCES LOCALES : Quelques troupeaux de chamelles pendant la saison froide.
  Nombreux troupeaux d'Addax dans les dunes.

- EAU : Ancien puits du Poste. Actuellement ensablé. Les renseignements obtenus sur la presence d'eau sont contradictoires.
  Sa profondeur serait d'environ huit mètres.

- LOCALITES VOISINES OU CAMPEMENTS VOISINS : Néant.

- TRANSPORTS : Sans objet.

- ACCESSIBILITE AUTOMOBILE : Trés bonne par l'Ouest et par l'Est, le long du vaste couloir de la dépression du MOURDI.
  Les accés par le Sud, qui obligent à franchir la chaine de dunes, sont particulièrement difficiles, et peu recommandés.
  Les accés par le Nord, en venant de l'ERDI MA, sont impossibles à la hauteur d'AGOZA. Les seules rampes d'accés en venant de cette direction se trouvent à environ 60 Kms à l'Ouest.

- PLATEFORME REPEREE LE 22 Février 1961
  PAR le Lieutenant MILLIERET, Commandant le 8° GN2.

En Nomadisation, le 15 Octobre 1961

Le Capitaine MILLIERET, Commandant le 8° GN2
signé : MILLIERET.

geo3
Permanent
Not identifiable on
aerial photography

November 2005/Januar 2006

Bildnachweis

Alle Fotos Hans Jakobi, außer:
78 u, 91 u, 94 u, 97, 98, 99, 100, 101, 105, 112, 115 u, 119 u: Raoul Schrott
78 o, 79: The National Geographic Magazine, Volume XLVI, July to December 1924
114: François Garbit: Carnets de route d'un méhariste au Tchad (1936–1940). Saint-Maur-des-Fossés 1996

Karten:
Umschlag und 77: A.M. Hassanein Bey: The Lost Oases. New York–London 1925
80/81: François Garbit: Carnets de route d'un méhariste au Tchad (1936–1940). Saint-Maur-des-Fossés 1996

Materialien zu Agoza:
120, 121 u, 122, 123, 124, 125: Service historique de la défense, archives, collection SHD Département de l'Armée de terre (le fonds Tchad, cote 6H)
121 o: Service historique de la défense, archives, collection SHD Département de l'Armée de l'air (01/0453)